JAN

1

태초에 말씀이 계시니라
이 말씀이 하나님과 함께 계셨으니
이 말씀은 곧 하나님이시니라
그가 태초에 하나님과 함께 계셨고
만물이 그로 말미암아 지은 바 되었으니
지은 것이 하나도
그가 없이는 된 것이 없느니라

(요한복음 1장 1~3절)

In the beginning
was the Word,
and the Word was
with God,
and the Word was God.
He was with God
in the beginning.
Through him all things
were made;
without him nothing
was made
that has been made.

(John 1:1~3)

JAN 2

but showing love to
a thousand generations
of those who love me
and keep my commandments.

(Deuteronomy 5:10)

나를 사랑하고
내 계명을 지키는 자에게는
천 대까지 은혜를 베푸느니라

(신명기 5장 10절)

하나님과 동행하는 꽃을 담은 길 365

초판 발행 2023년 11월 1일

발 행 인 황은미
발 행 처 마하나임 출판사

그 림 이은주, 민은영
편집, 디자인 Eunice H.
마 케 팅 안만수, 이미숙, 백운선, 황은숙

주소 / 연락처 경기도 고양시 일산서구
가좌 2로 53 306-301
☎031-915-5677
mahanaim8587@gmail.com

총 판 비전북
경기도 파주시 월롱산로 64
☎031-907-3927

ISBN 979-11-978063-5-3

값 19,800원

JULY

2

in my prayers at all times;
and I pray that now at last
by God's will the way may be
opened for me to come to you.

(Romans 1:10)

어떻게 하든지
이제
하나님의 뜻 안에서
너희에게로 나아갈
좋은 길 얻기를
구하노라

(로마서 1장 10절)

주 앞에서 낮추라
그리하면 주께서
너희를 높이시리라

(야고보서 4장 10절)

Humble yourselves
before the Lord,
and he will lift you up.

(James 4:10)

너는 네 하나님
여호와의 성민이라
여호와께서 지상 만민 중에서
너를 택하여 자기 기업의
백성으로 삼으셨느니라

(신명기 14장 2절)

for you are a people holy
to the LORD your God.
Out of all the peoples
on the face of the earth,
the LORD has chosen you
to be his treasured possession

(Deuteronomy 14:2)

DEC 31

만일 네 눈이 너를 범죄하게
하거든 빼어 내버리라
한 눈으로 영생에 들어가는 것이 두 눈을 가지고
지옥 불에 던져지는 것보다 나으니라

(마태복음 18장 9절)

And if your eye causes you to sin,
gouge it out and throw it away.
It is better for you to enter life with one eye than
to have two eyes and be thrown into the fire of hell.

(Matthew 18:9)

JAN 4

허물을 덮어 주는 자는 사랑을 구하는 자요
그것을 거듭 말하는 자는
친한 벗을 이간하는 자니라

(잠언 17장 9절)

He who covers over an offense promotes love,
but whoever repeats the matter separates close friends.

(Proverbs 17:9)

DEC
30

And we know that in all things God works
for the good of those who love him,
who have been called according to his purpose.

(Romans 8:28)

우리가 알거니와
하나님을 사랑하는 자
곧 그의 뜻대로 부르심을 입은 자들에게는
모든 것이 합력하여 선을 이루느니라

(로마서 8장 28절)

**오직 믿음으로 구하고 조금도 의심하지 말라
의심하는 자는 마치 바람에 밀려
요동하는 바다 물결 같으니**

(야고보서 1장 6절)

But when he asks, he must believe and not doubt,
because he who doubts is like a wave of the sea,
blown and tossed by the wind.

(James 1:6)

DEC

29

하나님은 하늘의 이슬과
땅의 기름짐이며 풍성한 곡식과 포도주를
네게 주시기를 원하노라

(창세기 27장 28절)

May God give you
of heaven's dew
and of earth's richness--
an abundance of grain
and new wine.

(Genesis 27:28)

JAN 6

My soul finds rest in God alone;
my salvation comes from him.

(Psalms 62:5)

나의 영혼아 잠잠히
하나님만 바라라
무릇 나의 소망이
그로부터 나오는도다

(시편 62편 5절)

DEC
28

너희는 다 빛의 아들이요 낮의 아들이라
우리가 밤이나 어둠에 속하지 아니하나니
그러므로 우리는 다른 이들과 같이 자지 말고
오직 깨어 정신을 차릴지라

(데살로니가전서 5장 5~6절)

You are all sons of the light
and sons of the day.
We do not belong to the night
or to the darkness.
So then,
let us not be like others,
who are asleep,
but let us be alert
and self-controlled.

(1 Thessalonians 5:5~6)

For it is by grace you have been saved,
through faith--
and this not from yourselves,
it is the gift of God--.

(Ephesians 2:8)

너희는 그 은혜에 의하여
믿음으로 말미암아 구원을 받았으니
이것은 너희에게서 난 것이 아니요
하나님의 선물이라

(에베소서 2장 8절)

DEC 27

허물로 죽은 우리를
그리스도와 함께 살리셨고
(너희는 은혜로 구원을 받은 것이라)

(에베소서 2장 5절)

made us alive with Christ even
when we were dead in transgressions--
it is by grace you have been saved.

(Ephesians 2:5)

JAN 8

A new command I give you: Love one another.
As I have loved you, so you must love one another.

(John 13:34)

새 계명을 너희에게 주노니
서로 사랑하라
내가 너희를 사랑한 것 같이
너희도 서로 사랑하라

(요한복음 13장 34절)

DEC 26

For a man's ways are
in full view of the LORD,
and he examines all his paths.

(Proverbs 5:21)

대저 사람의 길은
여호와의 눈 앞에 있나니
그가 그 사람의 모든 길을
평탄하게 하시느니라

(잠언 5장 21절)

JAN
9

사람이 마음으로 자기의 길을
계획할지라도 그의 걸음을
인도하시는 이는 여호와시니라

(잠언 16장 9절)

In his heart a man plans his course,
but the LORD determines his steps.

(Proverbs 16:9)

DEC 25

She will give birth to a son,
and you are to give him the name Jesus,
because he will save his people
from their sins.

(Matthew 1:21)

아들을 낳으리니 이름을 예수라 하라
이는 그가 자기 백성을 그들의 죄에서
구원할 자이심이라 하니라

(마태복음 1장 21절)

JAN

10

우리가 이 보배를
질그릇에 가졌으니 이는 심히
큰 능력은 하나님께 있고 우리에게 있지
아니함을 알게 하려 함이라

(고린도후서 4장 7절)

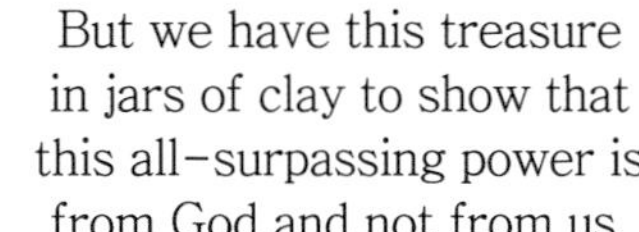

But we have this treasure
in jars of clay to show that
this all-surpassing power is
from God and not from us.

(2 Corinthians 4:7)

DEC

24

보라 나중 된 자로서
먼저 될 자도 있고
먼저 된 자로서
나중 될 자도 있느니라 하시더라

(누가복음 13장 30절)

Indeed there are those
who are last who will be first,
and first who will be last.

(Luke 13:30)

I will praise the LORD all my life;
I will sing praise to my God as long as I live.

(Psalms 146:2)

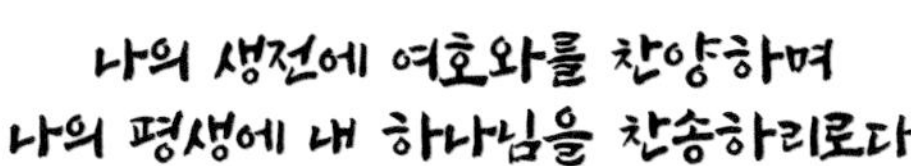

(시편 146편 2절)

DEC
23

He who puts up security
for another will surely suffer,
but whoever refuses to strike hands
in pledge is safe.

(Proverbs 11:15)

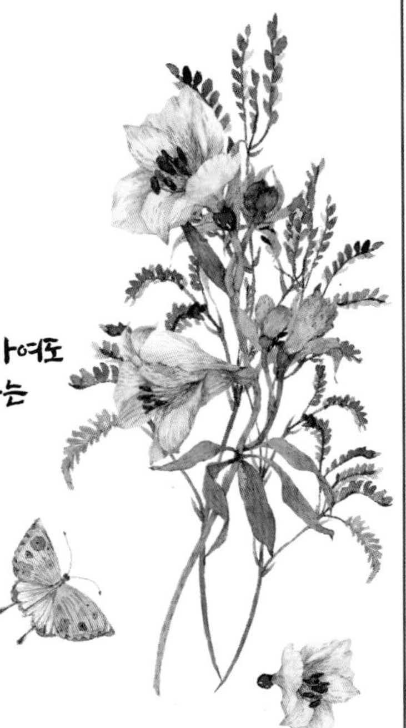

타인을 위하여
보증이 되는 자는 손해를 당하여도
보증이 되기를 싫어하는 자는
평안하니라

(잠언 11장 15절)

JAN

12

For everyone who exalts himself
will be humbled,
and he who humbles himself
will be exalted.

(Luke 14:11)

무릇 자기를
높이는 자는 낮아지고
자기를 낮추는 자는 높아지리라

(누가복음 14장 11절)

우리가 하나님을 의지하고
용감히 행하리니
그는 우리의 대적들을 밟으실 자이심이로다

(시편 108편 13절)

With God
we will gain the victory,
and he will trample down
our enemies.

(Psalms 108:13)

Who is it
that overcomes the world?
Only he who believes that
Jesus is the Son of God.

(1 John 5:5)

예수께서
하나님의 아들이심을
믿는 자가 아니면
세상을 이기는 자가 누구냐

(요한 1서 5장 5절)

DEC

21

"This is my blood of the covenant,
which is poured out for many," he said to them.

(Mark 14:24)

이르시되
이것은
많은 사람을 위하여
흘리는 나의 피
곧 언약의 피니라

(마가복음 14장 24절)

JAN 14

일의 결국을 다 들었으니 하나님을 경외하고
그의 명령들을 지킬지어다
이것이 모든 사람의 본분이니라

(전도서 12장 13절)

Now all has been heard;
here is the conclusion
of the matter:
Fear God and keep
his commandments,
for this is the whole duty of man

(Ecclesiastes 12:13)

DEC 20

Do not get drunk on wine,
which leads to debauchery.
Instead, be filled with the Spirit.

(Ephesians 5:18)

술 취하지 말라
이는 방탕한 것이니
오직 성령으로
충만함을 받으라

(에베소서 5장 18절)

JAN
15

Praise the LORD, O my soul.
O LORD my God, you are very great;
you are clothed with splendor and majesty.

(Psalms 104:1)

내 영혼아 여호와를 송축하라
여호와 나의 하나님이여
주는 심히 위대하시며
존귀와 권위로 옷 입으셨나이다

(시편 104편 1절)

DEC 19

해와 달아 그를 찬양하며
밝은 별들아 다 그를 찬양할지어다
하늘의 하늘도 그를 찬양하며
하늘 위에 있는 물들도 그를 찬양할지어다

(시편 148편 3~4절)

Praise him,
sun and moon,
praise him,
all you shining stars.
Praise him,
you highest heavens
and you waters
above the skies.

(Psalms 148:3~4)

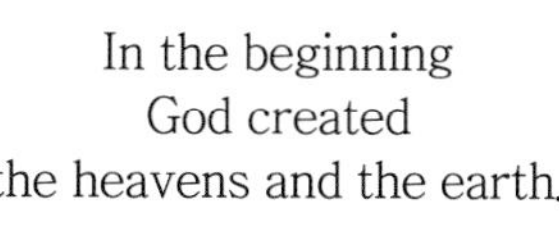

In the beginning
God created
the heavens and the earth.

(Genesis 1:1)

태초에 하나님이
천지를 창조하시니라

(창세기 1장 1절)

DEC

18

너희가 성경에서 영생을
얻는 줄 생각하고 성경을 연구하거니와
이 성경이 곧 내게 대하여 증언하는 것이니라

(요한복음 5장 39절)

You diligently study the Scriptures because you think
that by them you possess eternal life.
These are the Scriptures that testify about me,

(John 5:39)

Now the LORD God had formed out of
the ground all the beasts of the field and
all the birds of the air.
He brought them to the man to see
what he would name them;
and whatever the man called
each living creature,
that was its name.

(Genesis 2:19)

여호와 하나님이
흙으로 각종 들짐승과
공중의 각종 새를 지으시고 아담이
무엇이라고 부르나 보시려고
그것들을 그에게로 이끌어 가시니
아담이 각 생물을 부르는 것이 곧
그 이름이 되었더라

(창세기 2장 19절)

DEC 17

But the Scripture declares
that the whole world is a prisoner of sin,
so that what was promised,
being given through faith in Jesus Christ,
might be given to those who believe.

(Galatians 3:22)

그러나 성경이 모든 것을
죄 아래에 가두었으니
이는 예수 그리스도를 믿음으로
말미암는 약속을
믿는 자들에게 주려 함이라

(갈라디아서 3장 22절)

JAN 18

The kingdom of heaven is like treasure
hidden in a field. When a man found it,
he hid it again, and then in his joy went and
sold all he had and bought that field.

(Matthew 13:44)

천국은 마치 밭에 감추인 보화와 같으니
사람이 이를 발견한 후
숨겨 두고 기뻐하며 돌아가서
자기의 소유를 다 팔아 그 밭을 사느니라

(마태복음 13장 44절)

DEC 16

You are my lamp, O LORD;
the LORD turns my darkness into light.

(2 Samuel 22:29)

여호와여
주는 나의 등불이시니
여호와께서 나의 어둠을
밝히시리이다

(사무엘하 22장 29절)

Yet I am always with you;
you hold me by my right hand.

(Psalms 73:23)

내가 항상 주와 함께 하니
주께서 내 오른손을 붙드셨나이다

(시편 73편 23절)

DEC 15

"The fear of the LORD is
the beginning of wisdom,
and knowledge of the Holy One is understanding.

(Proverbs 9:10)

여호와를 경외하는 것이
지혜의 근본이요
거룩하신 자를 아는 것이 명철이니라

(잠언 9장 10절)

JAN 20

자녀들아 모든 일에 부모에게 순종하라
이는 주 안에서 기쁘게 하는 것이니라

(골로새서 3장 20절)

Children,
obey your parents
in everything,
for this pleases the Lord.

(Colossians 3:20)

너희가 아들이므로 하나님이 그 아들의 영을
우리 마음 가운데 보내사
아빠 아버지라 부르게 하셨느니라

(갈라디아서 4장 6절)

Because you are sons,
God sent the Spirit of his Son
into our hearts,
the Spirit who calls out,
"Abba, Father."

(Galatians 4:6)

JAN 21

Trust in the LORD forever,
for the LORD,
the LORD, is the Rock eternal.

(Isaiah 26:4)

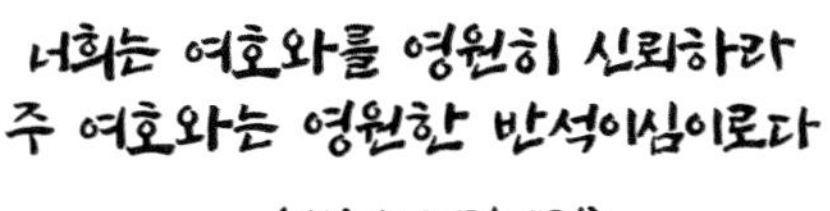

(이사야 26장 4절)

DEC

13

여호와 우리 하나님이여 우리를 구원하사
여러 나라로부터 모으시고
우리가 주의 거룩하신 이름을 감사하며
주의 영예를 찬양하게 하소서

(시편 106편 47절)

Save us, O LORD our God, and gather us
from the nations, that we may give thanks
to your holy name and glory in your praise.

(Psalms 106:47)

JAN
22

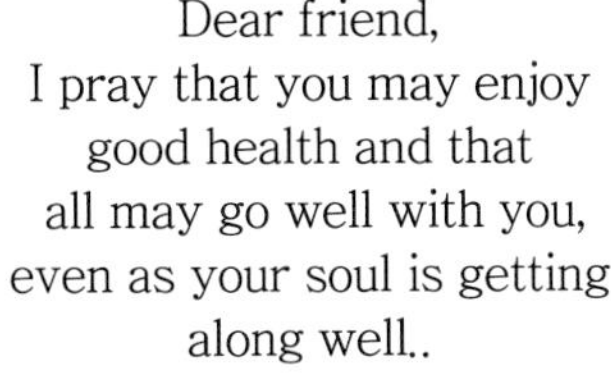

Dear friend,
I pray that you may enjoy
good health and that
all may go well with you,
even as your soul is getting
along well..

(3 John 1:2)

사랑하는 자여
네 영혼이 잘됨 같이
네가 범사에 잘되고 강건하기를
내가 간구하노라

(요한 3서 1장 2절)

DEC 12

사랑은 오래 참고
사랑은 온유하며
시기하지 아니하며
사랑은 자랑하지 아니하며
교만하지 아니하며

(고린도전서 13장 4절)

Love is patient,
love is kind.
It does not envy,
it does not boast,
it is not proud.

(1 Corinthians 13:4)

JAN
23

Those who obey his commands
live in him, and he in them.
And this is how we know that
he lives in us:
We know it by the Spirit he gave us.

(1 John 3:24)

그의 계명을 지키는 자는
주 안에 거하고
주는 그의 안에 거하시나니
우리에게 주신 성령으로 말미암아
그가 우리 안에 거하시는 줄을
우리가 아느니라

(요한 1서 3장 24절)

DEC

11

예수의 소문이 더욱 퍼지매
수많은 무리가 말씀도 듣고
자기 병도 고침을 받고자 하여
모여 오되 예수는 물러가사
한적한 곳에서 기도하시니라

(누가복음 5장 15~16절)

Yet the news
about him spread all the more,
so that crowds of people
came to hear him
and to be healed
of their sicknesses.
But Jesus often
withdrew to lonely places
and prayed.

(Luke 5:15~16)

JAN 24

그러므로 우리가 믿음으로
의롭다 하심을 받았으니
우리 주 예수 그리스도로 말미암아
하나님과 화평을 누리자

(로마서 5장 1절)

Therefore,
since we have been justified
through faith,
wehave peace
with God through
our Lord Jesus Christ,

(Romans 5:1)

DEC
10

내 사랑하는 자는
내게 속하였고
나는 그에게 속하였도다
그가 백합화 가운데에서
양 떼를 먹이는구나

(아가 2장 16절)

My lover is mine
and I am his;
he browses among
the lilies.

(Song of Songs 2:16)

JAN
25

Shout for joy,
O heavens; rejoice,
O earth; burst into song,
O mountains!
For the LORD comforts his people
and will have compassion
on his afflicted ones.

(Isaiah 49:13)

하늘이여 노래하라
땅이여 기뻐하라
산들이여 즐거이 노래하라
여호와께서
그의 백성을 위로하셨은즉
그의 고난 당한 자를
긍휼히 여기실 것임이라

(이사야 49장 13절)

DEC

9

Moreover,
demons came out of many people, shouting,
"You are the Son of God!"
But he rebuked them
and would not allow them to speak,
because they knew he was the Christ.

(Luke 4:41)

여러 사람에게서
귀신들이 나가며 소리 질러 이르되
당신은 하나님의 아들이니이다
예수께서 꾸짖으사
그들이 말함을 허락하지 아니하시니
이는 자기를 그리스도인 줄 앎이러라

(누가복음 4장 41절)

JAN 26

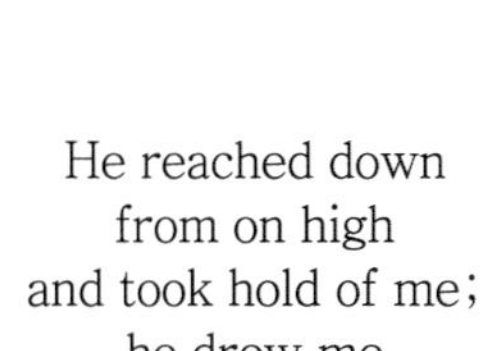

He reached down
from on high
and took hold of me;
he drew me
out of deep waters.

(Psalms 18:16)

그가 높은 곳에서
손을 펴사
나를 붙잡아 주심이여
많은 물에서
나를 건져내셨도다

(시편 18편 16절)

But I trust in your unfailing love;
my heart rejoices in your salvation.

(Psalms 13:5)

JAN 27

Do not be anxious about anything,
but in everything, by prayer and petition,
with thanksgiving,
present your requests to God.

(Philippians 4:6)

아무 것도 염려하지 말고
다만 모든 일에 기도와 간구로,
너희 구할 것을 감사함으로
하나님께 아뢰라

(빌립보서 4장 6절)

But you will receive power
when the Holy Spirit comes on you;
and you will be my witnesses in Jerusalem,
and in all Judea and Samaria,
and to the ends of the earth."

(Acts 1:8)

오직 성령이
너희에게 임하시면
너희가 권능을 받고
예루살렘과
온 유대와 사마리아와
땅 끝까지 이르러
내 증인이 되리라
하시니라

(사도행전 1장 8절)

나를 눈동자 같이 지키시고
주의 날개 그늘 아래에 감추사

(시편 17편 8절)

Keep me as the apple of your eye;
hide me in the shadow of your wings

(Psalms 17:8)

DEC
6

Therefore we do not lose heart.
Though outwardly we are wasting away,
yet inwardly we are being renewed day by day.

(2 Corinthian 4:16)

그러므로 우리가
낙심하지 아니하노니
우리의 겉사람은 낡아지나
우리의 속사람은
날로 새로워지도다

(고린도후서 4장 16절)

As for God, his way is perfect;
the word of the LORD is flawless.
He is a shield for all
who take refuge in him.

(Psalms 18:30)

하나님의 도는
완전하고
여호와의 말씀은
순수하니
그는 자기에게 피하는
모든 자의 방패시로다

(시편 18편 30절)

DEC

5

Since, then, you have been raised with Christ,
set your hearts on things above,
where Christ is seated at the right hand of God.

(Colossians 3:1)

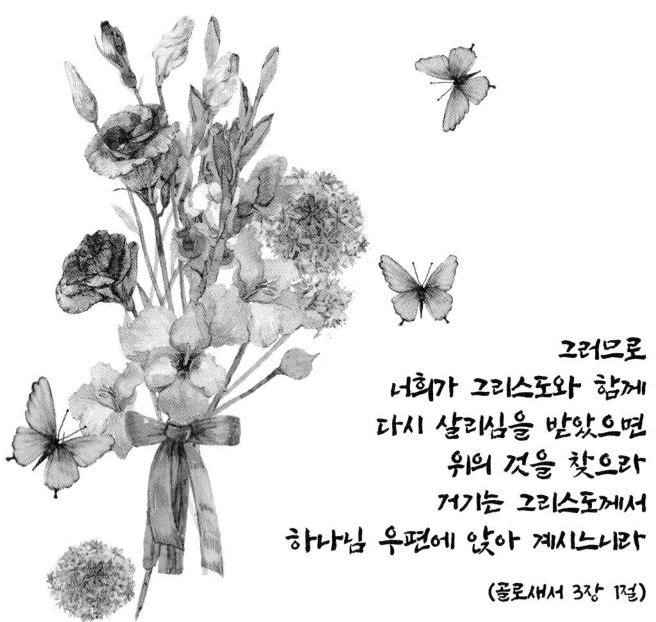

그러므로
너희가 그리스도와 함께
다시 살리심을 받았으면
위의 것을 찾으라
거기는 그리스도께서
하나님 우편에 앉아 계시느니라

(골로새서 3장 1절)

JAN
30

주께서
심지가 견고한 자를
평강하고 평강하도록
지키시리니
이는 그가 주를
신뢰함이니이다
(이사야 26장 3절)

You will keep in perfect
peace him whose
mind is steadfast,
because he trusts in you.

(Isaiah 26:3)

인자가 온 것은
섬김을 받으려 함이 아니라
도리어 섬기려 하고 자기 목숨을
많은 사람의 대속물로 주려 함이니라

(마가복음 10장 45절)

For even
the Son of Man did not
come to be served,
but to serve,
and to give his life
as a ransom for many."

(Mark 10:45)

JAN

우리가 살아도
주를 위하여 살고
죽어도 주를 위하여
죽나니 그러므로
사나 죽으나
우리가 주의 것이로다

(로마서 14장 8절)

If we live,
we live to the Lord;
and if we die,
we die to the Lord.
So, whether we live or die,
we belong to the Lord.

(Romans 14:8)

내가 또 너희에게 이르노니 구하라
그러면 너희에게 주실 것이요
찾으라 그러면 찾아낼 것이요 문을 두드리라
그러면 너희에게 열릴 것이니

(누가복음 11장 9절)

"So I say to you:
Ask and it will be given
to you; seek
and you will find;
knock and the door
will be opened to you.

(Luke 11:9)

FEB 1

거짓 그리스도들과 거짓 선지자들이 일어나
큰 표적과 기사를 보여
할 수만 있으면 택하신 자들도 미혹하리라
보라 내가 너희에게 미리 말하였노라

(마태복음 24장 24~25절)

For false Christs
and false prophets will appear
and perform great signs
and miracles
to deceive even the elect--
if that were possible.
See, I have told you
ahead of time.

(Matthew 24:24~25)

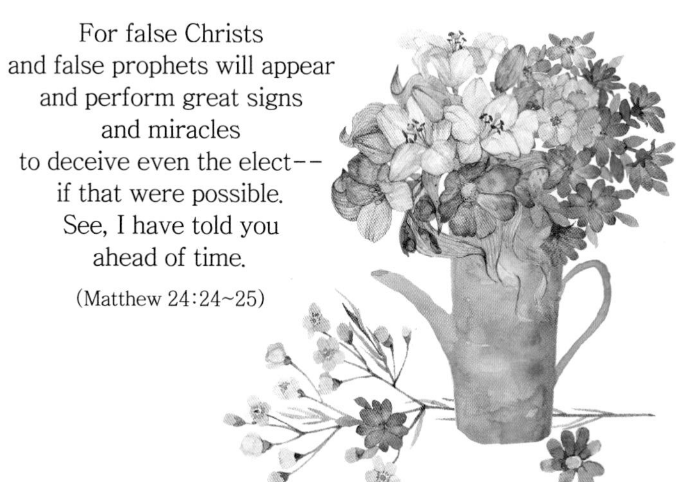

But from everlasting to everlasting
the LORD's love is with those
who fear him, and his righteousness
with their children's children-

(Psalms 103:17)

여호와의 인자하심은
자기를 경외하는 자에게
영원부터
영원까지 이르며
그의 의는
자손의 자손에게 이르리니

(시편 103편 17절)

FEB
2

This is what we speak, not in words taught us
by human wisdom but in words taught by the Spirit,
expressing spiritual truths in spiritual words.

(1 Corinthians 2:13)

우리가
이것을 말하거니와
사람의 지혜가 가르친 말로
아니하고 오직 성령께서
가르치신 것으로 하니
영적인 일은 영적인 것으로
분별하느니라

(고린도전서 2장 13절)

Even to your old age and gray hairs I am he,
I am he who will sustain you.
I have made you and I will carry you;
I will sustain you and I will rescue you.

(Isaiah 46:4)

너희가 노년에 이르기까지
내가 그리하겠고
백발이 되기까지
내가 너희를 품을 것이라
내가 지었은즉
내가 업을 것이요
내가 품고 구하여 내리라

(이사야 46장 4절)

Do to others as you
would have them do to you..

(Luke 6:31)

남에게 대접을 받고자 하는 대로
너희도 남을 대접하라

(누가복음 6장 31절)

NOV 30

무화과나무에는 푸른 열매가 익었고
포도나무는 꽃을 피워 향기를 토하는구나
나의 사랑, 나의 어여쁜 자야 일어나서 함께 가자

(아가 2장 13절)

The fig tree forms
its early fruit;
the blossoming vines spread
their fragrance.
Arise, come, my darling;
my beautiful one,
come with me."

(Song of Songs 2:13)

FEB
4

Command them to do good,
to be rich in good deeds, and to be
generous and willing to share.

(1 Timothy 6:18)

선을 행하고
선한 사업을 많이 하고
나누어 주기를 좋아하며
너그러운 자가
되게 하라

(디모데전서 6장 18절)

NOV
29

나는 포도나무요 너희는 가지라
그가 내 안에, 내가 그 안에 거하면
사람이 열매를 많이 맺나니
나를 떠나서는 너희가 아무 것도 할 수 없음이라

(요한복음 15장 5절)

"I am the vine;
you are the branches.
If a man remains in me
and I in him,
he will bear much fruit;
apart from me
you can do nothing.

(John 15:5)

FEB 5

천지는 없어질지언정
내 말은 없어지지
아니하리라

(마태복음 24장 35절)

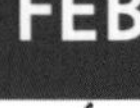

Heaven and earth
will pass away,
but my words
will never pass away.

(Matthew 24:35)

NOV 28

like men waiting
for their master to return
from a wedding banquet,
so that when he comes
and knocks
they can immediately
open the door for him.

(Luke 12:36)

너희는 마치
그 주인이 혼인 집에서 돌아와
문을 두드리면
곧 열어 주려고
기다리는 사람과 같이 되라

(누가복음 12장 36절)

He brought me out into a spacious place;
he rescued me because he delighted in me.

(Psalms 18:19)

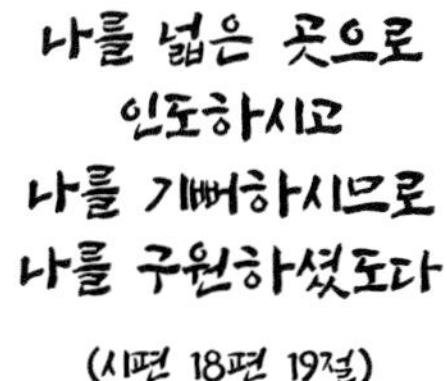

비판하지 말라
그리하면 너희가 비판을 받지 않을 것이요
정죄하지 말라
그리하면 너희가 정죄를 받지 않을 것이요
용서하라 그리하면 너희가 용서를 받을 것이요

(누가복음 6장 37절)

Do not judge,
and you will not be judged.
Do not condemn,
and you will not be condemned.
Forgive, and you will be
forgiven.

(Luke 6:37)

그러나 내가 가는 길을
그가 아시나니 그가 나를
단련하신 후에는
내가 순금 같이 되어 나오리라

(욥기 23장 10절)

But he knows
the way that I take;
when he has tested me,
I will come forth as gold.

(Job 23:10)

네가 만일 너를 미워하는 자의 나귀가
짐을 싣고 엎드러짐을 보거든 그것을 버려두지
말고 그것을 도와 그 짐을 부릴지니라

(출애굽기 23장 5절)

If you see the donkey
of someone
who hates you fallen down
under its load,
do not leave it there;
be sure you help him
with it.

(Exodus 23:5)

For God so loved the world
that he gave his one and only Son,
that whoever believes in him
shall not perish but have eternal life.

(John 3:16)

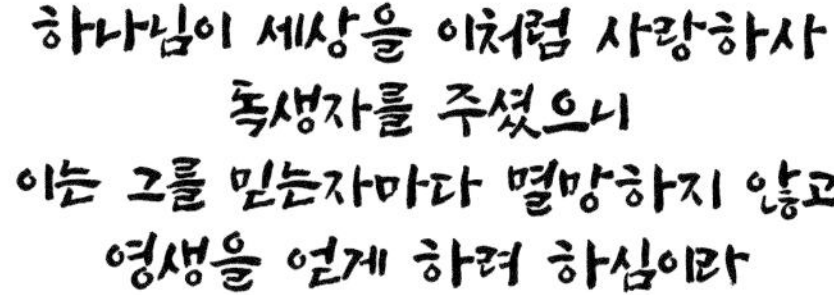

(요한복음 3장 16절)

Then I heard another voice from heaven say:
"Come out of her, my people,
so that you will not share in her sins,
so that you will not receive any of her plagues;

(Revelation 18:4)

또 내가 들으니
하늘로부터
다른 음성이 나서 이르되
내 백성아, 거기서 나와
그의 죄에 참여하지 말고
그가 받을 재앙들을
받지 말라

(요한계시록 18장 4절)

FEB 9

He is like a tree planted
by streams of water,
which yields its fruit in season and
whose leaf does not wither.
Whatever he does prospers.

(Psalms 1:3)

그는 시냇가에 심은 나무가
철을 따라 열매를 맺으며
그 잎사귀가 마르지 아니함 같으니
그가 하는 모든 일이 다 형통하리로다

(시편 1편 3절)

NOV 24

O LORD,
what is man that you care for him,
the son of man that you think of him?

(Psalms 144:3)

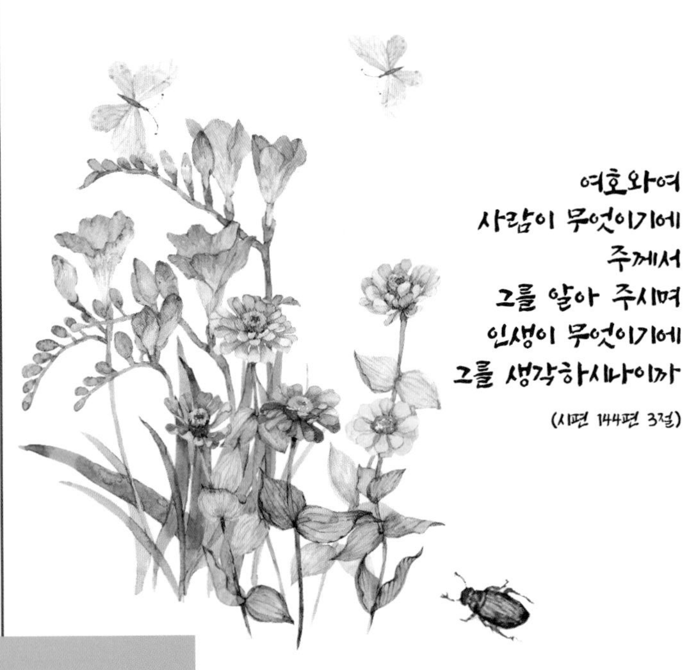

여호와여
사람이 무엇이기에
주께서
그를 알아 주시며
인생이 무엇이기에
그를 생각하시나이까

(시편 144편 3절)

FEB 10

You have made known to me the path of life; you will fill me with joy in your presence, with eternal pleasures at your right hand.

(Psalms 16:11)

주께서 생명의 길을 내게 보이시리니
주의 앞에는 충만한 기쁨이 있고
주의 오른쪽에는 영원한 즐거움이 있나이다

(시편 16편 11절)

우리는 우리 자신이
사형 선고를 받은 줄 알았으니
이는 우리로 자기를 의지하지 말고
오직 죽은 자를 다시 살리시는
하나님만 의지하게 하심이라

(고린도후서 1장 9절)

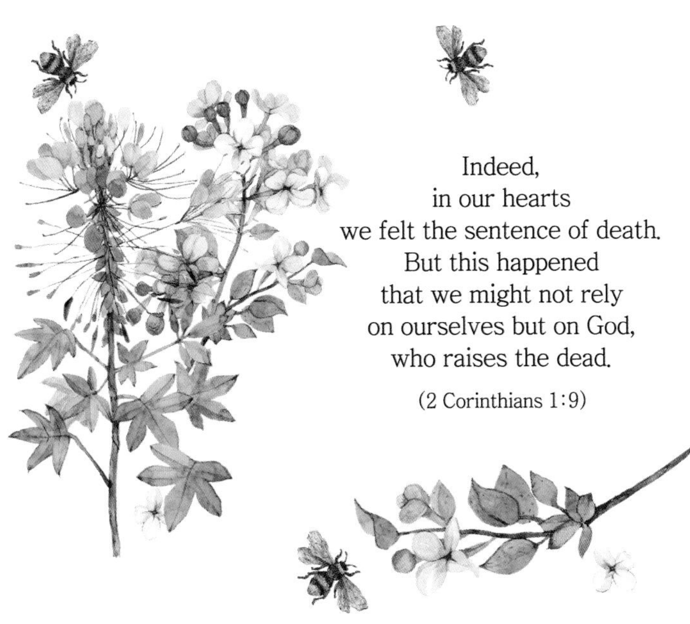

Indeed,
in our hearts
we felt the sentence of death.
But this happened
that we might not rely
on ourselves but on God,
who raises the dead.

(2 Corinthians 1:9)

They will speak
of the glorious splendor of your majesty,
and I will meditate on your wonderful works.

(Psalms 145:5)

주의 존귀하고
영광스러운 위엄과
주의 기이한 일들을
나는 작은 소리로
읊조리리이다

(시편 145편 5절)

NOV
22

호흡이 있는 자마다
여호와를 찬양할지어다 할렐루야

(시편 150편 6절)

Let everything
that has breath
praise the LORD.
Praise the LORD.

(Psalms 150:6)

Be careful to obey all these regulations I am giving you,
so that it may always go well with you
and your children after you,
because you will be doing what is good
and right in the eyes of the LORD your God.

(Deuteronomy 12:28)

내가 네게 명령하는 이 모든 말을
너는 듣고 지키라
네 하나님 여호와의 목전에 선과 의를 행하면
너와 네 후손에게 영구히 복이 있으리라

(신명기 12장 28절)

NOV

21

그러므로 하나님의 능하신 손 아래에서
겸손하라 때가 되면 너희를 높이시리라

(베드로전서 5장 6절)

Humble yourselves,
therefore,
under God's mighty hand,
that he may lift you up
in due time.

(1 Peter 5:6)

증언하는 이가 셋이니
성령과 물과 피라
또한 이 셋은 합하여 하나이니라

(요한 1서 5장 7~8절)

For there are three
that testify: the Spirit,
the water and the blood;
and the three are
in agreement..

(1 John 5:7~8)

너희 믿음의 확실함은
불로 연단하여도 없어질 금보다 더 귀하여
예수 그리스도께서 나타나실 때에
칭찬과 영광과 존귀를 얻게 할 것이니라

(베드로전서 1장 7절)

These have come so
that your faith--
of greater worth than gold,
which perishes
even though refined by fire--
may be proved genuine
and may result in praise,
glory and honor
when Jesus Christ is revealed.

(1 Peter 1:7)

누구든지 등불을 켜서
그릇으로 덮거나 평상 아래에
두지 아니하고 등경 위에 두나니
이는 들어가는 자들로
그 빛을 보게 하려 함이라

(누가복음 8장 16절)

"No one lights a lamp
and hides it in a jar
or puts it under a bed. Instead,
he puts it on a stand,
so that those who come
in can see the light.

(Luke 8:16)

Repent, then,
and turn to God,
so that your sins
may be wiped out,
that times of refreshing
may come from the Lord,

(Acts 3:19)

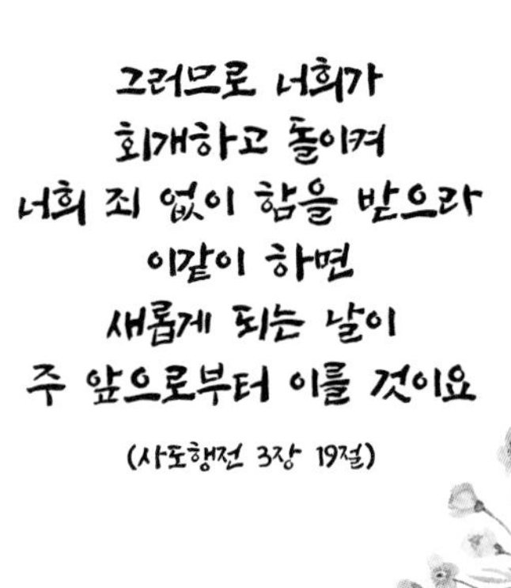

그러므로 너희가
회개하고 돌이켜
너희 죄 없이 함을 받으라
이같이 하면
새롭게 되는 날이
주 앞으로부터 이를 것이요

(사도행전 3장 19절)

FEB 15

Better is one day in your courts than
a thousand elsewhere; I would rather be
a doorkeeper in the house of my God than
dwell in the tents of the wicked.

(Psalms 84:10)

주의 궁정에서의 한 날이
다른 곳에서의 천 날보다 나은즉
악인의 장막에 사는 것보다
내 하나님의 성전 문지기로
있는 것이 좋사오니

(시편 84편 10절)

고운 것도 거짓되고
아름다운 것도 헛되나
오직 여호와를 경외하는 여자는
칭찬을 받을 것이라

(잠언 31장 30절)

Charm is deceptive,
and beauty is fleeting;
but a woman
who fears the LORD is
to be praised.

(Proverbs 31:30)

FEB 16

나의 영혼이 주를 가까이 따르니
주의 오른손이 나를 붙드시거니와

(시편 63편 8절)

My soul clings to you;
your right hand upholds me.

(Psalms 63:8)

허물로 죽은 우리를
그리스도와 함께 살리셨고
(너희는 은혜로 구원을 받은 것이라)

(에베소서 2장 5절)

made us alive
with Christ even
when we were dead
in transgressions--
it is by grace
you have been saved.

(Ephesians 2:5)

Do nothing out of selfish ambition or
vain conceit, but in humility consider others
better than yourselves.

(Philippians 2:3)

아무 일에든지 다툼이나 허영으로 하지 말고
오직 겸손한 마음으로 각각 자기보다 남을 낫게 여기고

(빌립보서 2장 3절)

NOV 16

여호와께서는
자기에게 간구하는 모든 자
곧 진실하게 간구하는 모든 자에게
가까이 하시는도다

(시편 145편 18절)

The LORD is near to all who call on him,
to all who call on him in truth.

(Psalms 145:18)

And being found in appearance
as a man, he humbled himself
and became obedient to death--
even death on a cross!

(Philippians 2:8)

사람의 모양으로
나타나사 자기를 낮추시고
죽기까지 복종하셨으니
곧 십자가에 죽으심이라

(빌립보서 2장 8절)

NOV

15

우리가 선을 행하되 낙심하지 말지니
포기하지 아니하면 때가 이르매 거두리라

(갈라디아서 6장 9절)

Let us not become weary
in doing good,
for at the proper time
we will reap a harvest
if we do not give up.

(Galatians 6:9)

육으로 난 것은 육이요
영으로 난 것은 영이니
내가 네게 거듭나야 하겠다 하는 말을
놀랍게 여기지 말라

(요한복음 3장 6~7절)

Flesh gives birth to flesh,
but the Spirit gives birth to spirit.
You should not be surprised at my saying,
'You must be born again.'

(John 3:6~7)

NOV

14

Praise the LORD,
all his works everywhere
in his dominion.
Praise the LORD, O my soul.

(Psalms 103:22)

여호와의 지으심을 받고
그가 다스리시는
모든 곳에 있는 너희여
여호와를 송축하라
내 영혼아
여호와를 송축하라

(시편 103편 22절)

FEB
20

바람이 임의로 불매
네가 그 소리는 들어도
어디서 와서 어디로 가는지
알지 못하나니 성령으로 난 사람도
다 그러하니라

(요한복음 3장 8절)

The wind blows
wherever it pleases.
You hear its sound,
but you cannot tell
where it comes from or
where it is going.
So it is with everyone
born of the Spirit.

(John 3:8)

And to all the beasts of the earth
and all the birds of the air and all the creatures
that move on the ground--
everything that has the breath of life in it--
I give every green plant for food." And it was so.

(Genesis 1:30)

또 땅의 모든 짐승과
하늘의 모든 새와 생명이 있어
땅에 기는 모든 것에게는
내가 모든 푸른 풀을 먹을 거리로 주노라
하시니 그대로 되니라

(창세기 1장 30절)

FEB 21

우리가 아직 죄인 되었을 때에
그리스도께서 우리를 위하여 죽으심으로
하나님께서 우리에 대한 자기의 사랑을
확증하셨느니라

(로마서 5장 8절)

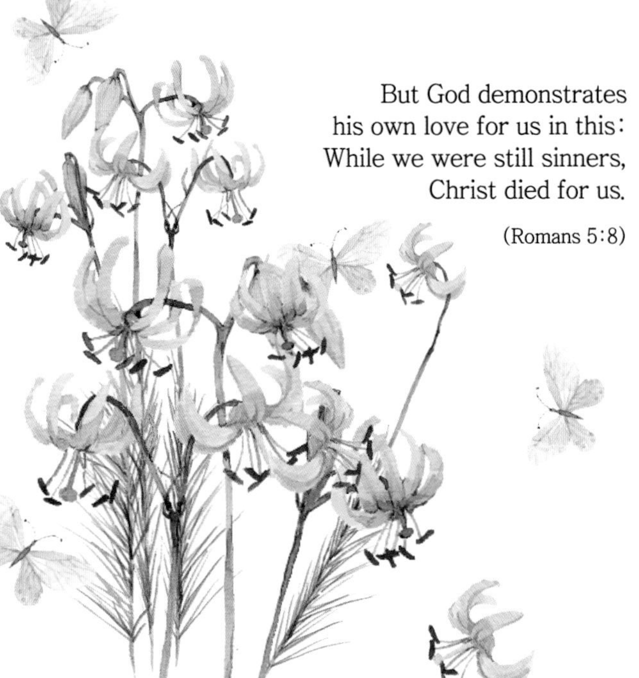

But God demonstrates
his own love for us in this:
While we were still sinners,
Christ died for us.

(Romans 5:8)

하나님이 이르시되
천하의 물이 한 곳으로 모이고
뭍이 드러나라 하시니 그대로 되니라
하나님이 뭍을 땅이라 부르시고
모인 물을 바다라 부르시니
하나님이 보시기에 좋았더라

(창세기 1장 9~10절)

And God said,
"Let the water under the sky
be gathered to one place,
and let dry ground appear."
And it was so.
God called the dry ground
"land," and the gathered waters
he called "seas."
And God saw that it was good.

(Genesis 1:9~10)

FEB 22

The fear of the LORD is
the beginning of knowledge,
but fools despise wisdom
and discipline.

(Proverbs 1:7)

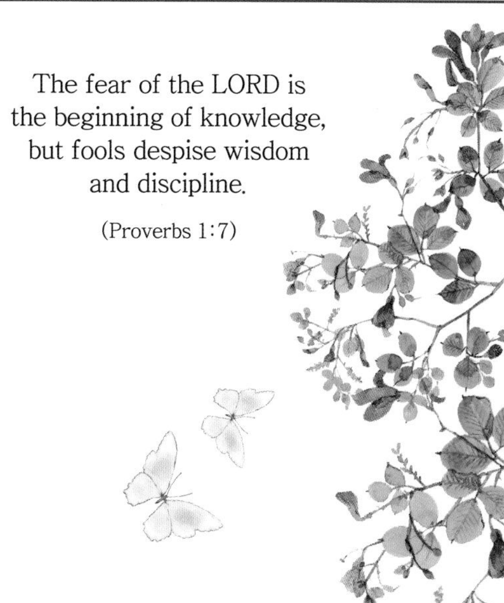

여호와를
경외하는 것이
지식의 근본이거늘
미련한 자는
지혜와 훈계를 멸시하느니라

(잠언 1장 7절)

NOV

11

땅이 풀과 각기 종류대로 씨 맺는 채소와
각기 종류대로 씨 가진 열매 맺는 나무를 내니
하나님이 보시기에 좋았더라

(창세기 1장 12절)

The land produced
vegetation:
plants bearing seed
according to their kinds
and trees bearing fruit
with seed
in it according
to their kinds.
And God saw
that it was good.

(Genesis 1:12)

교만은 패망의 선봉이요
거만한 마음은 넘어짐의 앞잡이니라

(잠언 16장 18절)

Pride goes before destruction,
a haughty spirit before a fall.

(Proverbs 16:18)

NOV
10

하나님은 허망한 사람을 아시나니
악한 일은 상관하지 않으시는 듯하나
다 보시느니라

(욥기 11장 11절)

Surely he recognizes
deceitful men;
and when he sees evil,
does he not take note?

(Job 11:11)

But whoever lives by the truth comes
into the light, so that it may be
seen plainly that what he has done
has been done through God.

(John 3:21)

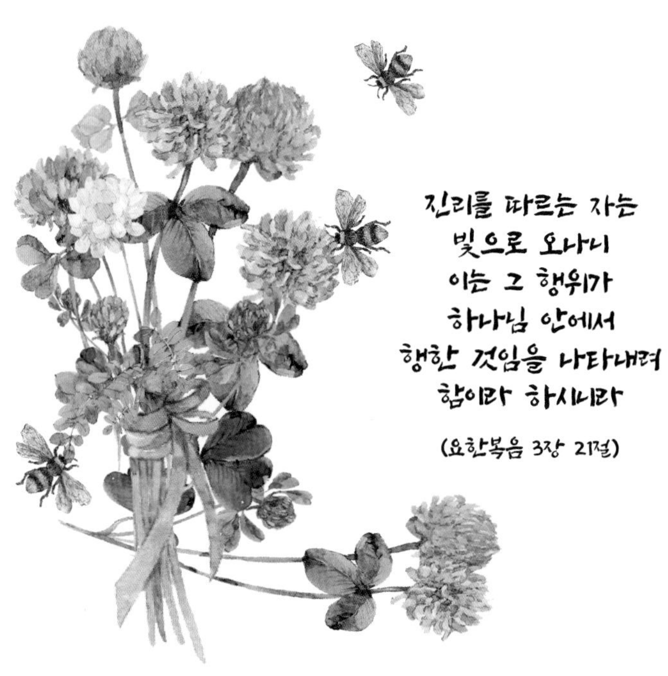

진리를 따르는 자는
빛으로 오나니
이는 그 행위가
하나님 안에서
행한 것임을 나타내려
함이라 하시니라

(요한복음 3장 21절)

주께서 내 마음에 두신 기쁨은
그들의 곡식과 새 포도주가 풍성할 때보다
더하니이다

(시편 4편 7절)

You have filled my heart
with greater joy than
when their grain
and new wine abound.

(Psalms 4:7)

FEB
25

내 영혼아 여호와를 송축하라
여호와 나의 하나님이여
주는 심히 위대하시며
존귀와 권위로 옷 입으셨나이다

(시편 104편 1절)

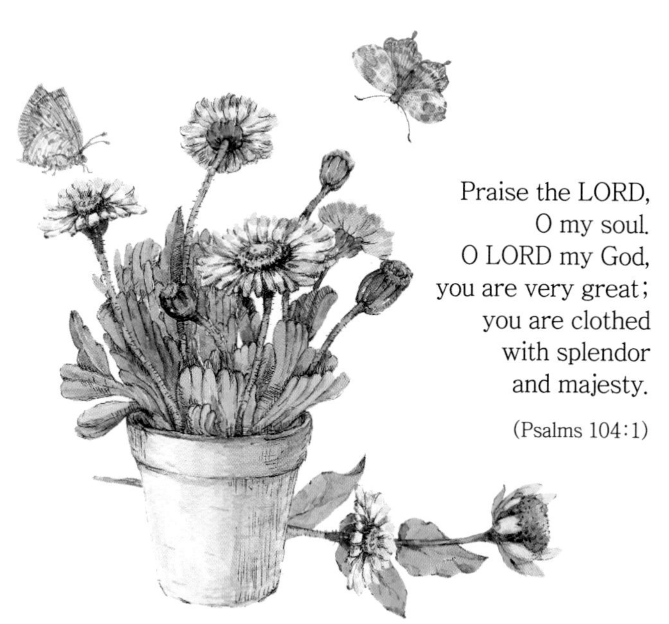

Praise the LORD,
O my soul.
O LORD my God,
you are very great;
you are clothed
with splendor
and majesty.

(Psalms 104:1)

NOV

8

Listen to me, you islands;
hear this, you distant nations:
Before I was born the LORD called me;
from my birth he has made mention of my name.

(Isaiah 49:1)

섬들아 내게 들으라
먼 곳 백성들아
귀를 기울이라
여호와께서 태에서부터
나를 부르셨고
내 어머니의 복중에서부터
내 이름을 기억하셨으며

(이사야 49장 1절)

FEB 26

Let everything that
has breath praise the LORD.
Praise the LORD.

(Psalms 150:6)

호흡이 있는 자마다
여호와를 찬양할지어다
할렐루야

(시편 150편 6절)

If any of you lacks wisdom,
he should ask God,
who gives generously to all without finding fault,
and it will be given to him.

(James 1:5)

너희 중에 누구든지 지혜가 부족하거든
모든 사람에게 후히 주시고 꾸짖지 아니하시는
하나님께 구하라 그리하면 주시리라

(야고보서 1장 5절)

Each man should give
what he has decided in his heart to give,
not reluctantly or under compulsion,
for God loves a cheerful giver.

(2 Corinthians 9:7)

각각 그 마음에 정한 대로 할 것이요
인색함으로나 억지로 하지 말지니
하나님은 즐겨 내는 자를 사랑하시느니라

(고린도후서 9장 7절)

Do not boast about tomorrow,
for you do not know what a day may bring forth.

(Proverbs 27:1)

너는 내일 일을
자랑하지 말라
하루 동안에
무슨 일이 일어날는지
네가 알 수 없음이니라

(잠언 27장 1절)

FEB

28

하나님 앞에서는
율법을 듣는 자가 의인이 아니요
오직 율법을 행하는 자라야
의롭다 하심을 얻으리니

(로마서 2장 13절)

For it is not those
who hear the law
who are righteous
in God's sight,
but it is those
who obey the law
who will be declared
righteous.

(Romans 2:13)

나 여호와는 심장을 살피며
폐부를 시험하고
각각 그의 행위와 그의 행실대로
보응하나니

(예레미야 17장 10절)

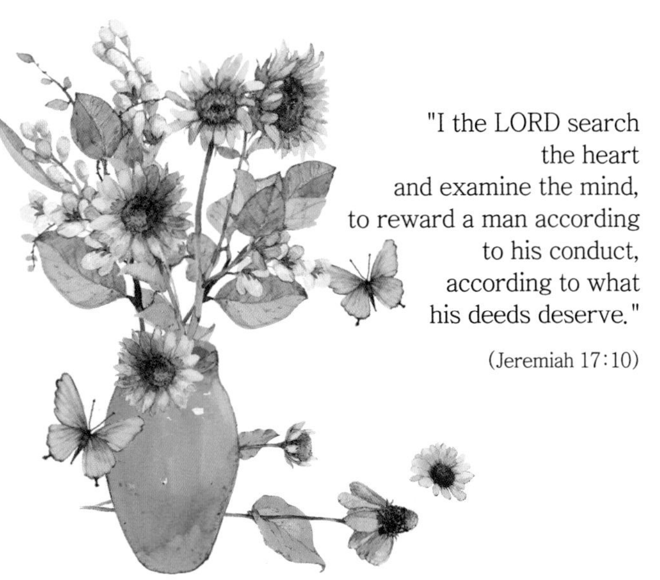

"I the LORD search
the heart
and examine the mind,
to reward a man according
to his conduct,
according to what
his deeds deserve."

(Jeremiah 17:10)

예수께서 이르시되
너희 중에 어떤 사람이 양 한 마리가 있어
안식일에 구덩이에 빠졌으면 끌어내지 않겠느냐
사람이 양보다 얼마나 더 귀하냐
그러므로 안식일에 선을 행하는 것이 옳으니라 하시고

(마태복음 12장 11~12절)

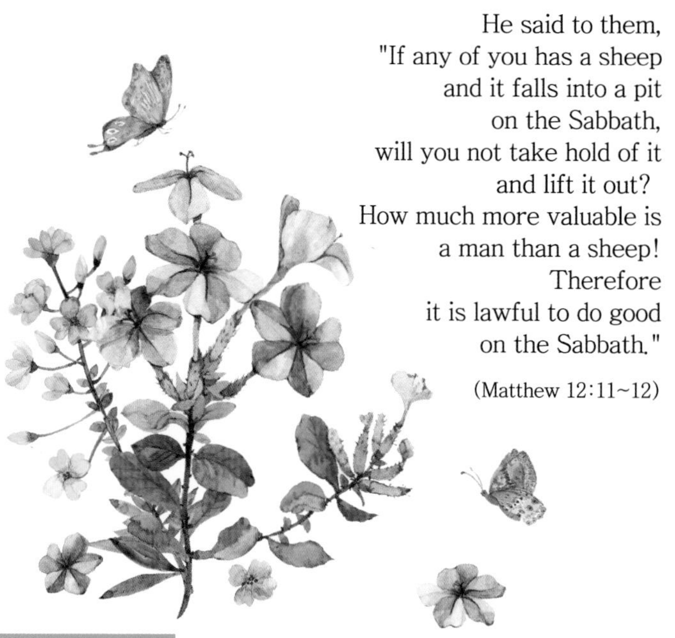

He said to them,
"If any of you has a sheep
and it falls into a pit
on the Sabbath,
will you not take hold of it
and lift it out?
How much more valuable is
a man than a sheep!
Therefore
it is lawful to do good
on the Sabbath."

(Matthew 12:11~12)

Your eye is the lamp of your body.
When your eyes are good,
your whole body also is full of light.
But when they are bad,
your body also is full of darkness.

(Luke 11:34)

네 몸의 등불은 눈이라
네 눈이 성하면
온 몸이 밝을 것이요
만일 나쁘면
네 몸도 어두우리라

(누가복음 11장 34절)

이스라엘의 교만은
그 얼굴에 드러났나니
그들이 이 모든 일을 당하여도
그들의 하나님 여호와께로
돌아오지 아니하며
구하지 아니하도다

(호세아 7장 10절)

Israel's arrogance
testifies against him,
but despite all this
he does not return
to the LORD his God
or search for him.

(Hosea 7:10)

NOV
3

그들에게 이르시되
삼가 모든 탐심을 물리치라
사람의 생명이
그 소유의 넉넉한 데 있지 아니하니라
하시고

(누가복음 12장 15절)

Then he said to them,
"Watch out!
Be on your guard against
all kinds of greed;
a man's life does not consist
in the abundance
of his possessions."

(Luke 12:15)

All a man's ways seem
innocent to him, but motives
are weighed by the LORD.

(Proverb 16:2)

사람의 행위가
자기 보기에는
모두 깨끗하여도
여호와는
심령을 감찰하시느니라

(잠언 16장 2절)

Do not make friends with a hot-tempered man,
do not associate with one easily angered,
or you may learn his ways
and get yourself ensnared.

(Proverbs 22:24~25)

노를 품는 자와
사귀지 말며
울분한 자와 동행하지 말지니
그의 행위를 본받아
네 영혼을 올무에 빠뜨릴까
두려움이니라

(잠언 22장 24~25절)

MAR

3

온갖 좋은 은사와 온전한 선물이
다 위로부터 빛들의 아버지께로부터 내려오나니
그는 변함도 없으시고 회전하는 그림자도 없으시니라

(야고보서 1장 17절)

Every good and perfect gift is from above,
coming down from the Father of the heavenly lights,
who does not change like shifting shadows.

(James 1:17)

NOV 1

Look at the birds of the air;
they do not sow or reap or store away in barns,
and yet your heavenly Father feeds them.
Are you not much more valuable than they?

(Matthew 6:26)

공중의 새를 보라
심지도 않고
거두지도 않고
창고에 모아들이지도
아니하되
너희 하늘 아버지께서
기르시나니 너희는
이것들보다 귀하지
아니하냐

(마태복음 6장 26절)

MAR 4

여호와 나의 하나님이여
나를 도우시며
주의 인자하심을 따라 나를 구원하소서

(시편 109편 26절)

Help me,
O LORD my God;
save me in accordance
with your love.

(Psalms 109:26)

OCT
31

다른 이로써는 구원을 받을 수 없나니
천하 사람 중에
구원을 받을 만한 다른 이름을
우리에게 주신 일이 없음이라 하였더라

(사도행전 4장 32절)

Salvation is found
in no one else,
for there is no other name
under heaven given to men
by which we must be saved.

(Acts 4:32)

말씀하시되 나를 따라오라
내가 너희를 사람을 낚는 어부가 되게 하리라
하시니 그들이 곧 그물을 버려 두고 예수를 따르니라

(마태복음 4장 19~20절)

"Come, follow me,
" Jesus said,
"and I will make you
fishers of men."
At once
they left their nets
and followed him.

(Matthew 4:19~20)

OCT 30

또 너희가 내 이름으로 말미암아
모든 사람에게 미움을 받을 것이나
끝까지 견디는 자는 구원을 받으리라

(마가복음 13장 13절)

All men will hate you because of me,
but he who stands firm
to the end will be saved.

(Mark 13:13)

MAR

6

예수께서 각종 병이 든 많은 사람을
고치시며 많은 귀신을 내쫓으시되
귀신이 자기를 알므로
그 말하는 것을 허락하지 아니하시니라

(마가복음 1장 34절)

and Jesus healed many
who had various diseases.
He also drove out
many demons,
but he would not let
the demons speak because
they knew who he was.

(Mark 1:34)

OCT 29

그러므로 내가 너희에게 말하노니
무엇이든지 기도하고 구하는 것은 받은 줄로
믿으라 그리하면 너희에게 그대로 되리라

(마가복음 11장 24절)

Therefore I tell you,
whatever you ask for in prayer,
believe that you have received it,
and it will be yours.

(Mark 11:24)

"But at the beginning of creation
God 'made them male and female.'
'For this reason a man will leave
his father and mother and be united to his wife,

(Mark 10:6~7)

창조 때로부터 사람을
남자와 여자로 지으셨으니
이러므로 사람이
그 부모를 떠나서
그 둘이 한 몸이 될지니라

(마가복음 10장 6~7절)

OCT 28

The LORD confides in those who fear him;
he makes his covenant known to them.

(Psalms 25:14)

여호와의 친밀하심이
그를 경외하는 자들에게 있음이여 그의 언약을
그들에게 보이시리로다

(시편 25편 14절)

MAR 8

이것이 곧
적게 심는 자는 적게 거두고
많이 심는 자는 많이 거둔다
하는 말이로다

(고린도후서 9장 6절)

Remember this:
Whoever sows sparingly will
also reap sparingly,
and whoever sows generously will
also reap generously.

(2 Corinthians 9:6)

OCT
27

마치 독수리가 자기의 보금자리를 어지럽게 하며
자기의 새끼 위에 너풀거리며 그의 날개를 펴서
새끼를 받으며 그의 날개 위에 그것을 업는 것 같이
여호와께서 홀로 그를 인도하셨고
그와 함께 한 다른 신이 없었도다

(신명기 32장 11~12절)

like an eagle
that stirs up its nest
and hovers over its young,
that spreads its wings
to catch them
and carries them on its pinions.
The LORD alone led him;
no foreign god was with him.

(Deuteronomy 32:11~12)

우리가 전에 말하였거니와
내가 지금 다시 말하노니 만일 누구든지
너희가 받은 것 외에 다른 복음을 전하면
저주를 받을지어다

(갈라디아서 1장 9절)

As we have already said,
so now I say again:
If anybody is preaching
to you a gospel other than
what you accepted,
let him be eternally
condemned!

(Galatians 1:9)

둘 다 추수 때까지 함께 자라게 두라
추수 때에 내가 추수꾼들에게 말하기를
가라지는 먼저 거두어 불사르게 단으로 묶고
곡식은 모아 내 곳간에 넣으라 하리라

(마태복음 13장 30절)

Let both grow together
until the harvest.
At that time I will tell
the harvesters:
First collect the weeds
and tie them in bundles
to be burned;
then gather the wheat
and bring it into my barn.

(Matthew 13:30)

MAR 10

내가 이르노니 너희는 성령을 따라 행하라
그리하면 육체의 욕심을 이루지 아니하리라

(갈라디아서 5장 16절)

So I say,
live by the Spirit,
and you will not
gratify the desires
of the sinful nature.

(Galatians 5:16)

OCT

25

네가 누구에게나
혼인 잔치에 청함을 받았을 때에
높은 자리에 앉지 말라 그렇지 않으면
너보다 더 높은 사람이 청함을 받은 경우에
너와 그를 청한 자가 와서
너더러 이 사람에게 자리를 내주라 하리니
그 때에 네가 부끄러워 끝자리로 가게 되리라

(누가복음 14장 8~9절)

"When someone invites you
to a wedding feast,
do not take
the place of honor,
for a person
more distinguished than
you may have been invited.
If so, the host who invited
both of you will come
and say to you,
'Give this man your seat.
'Then, humiliated,
you will have to take
the least important place.

(Luke 14:8~9)

MAR 11

만일 누구든지
저주하는 소리를
듣고서도 증인이 되어
그가 본 것이나
알고 있는 것을
알리지 아니하면
그는 자기의 죄를 져야
할 것이요 그 허물이
그에게로 돌아갈 것이며

(레위기 5장 1절)

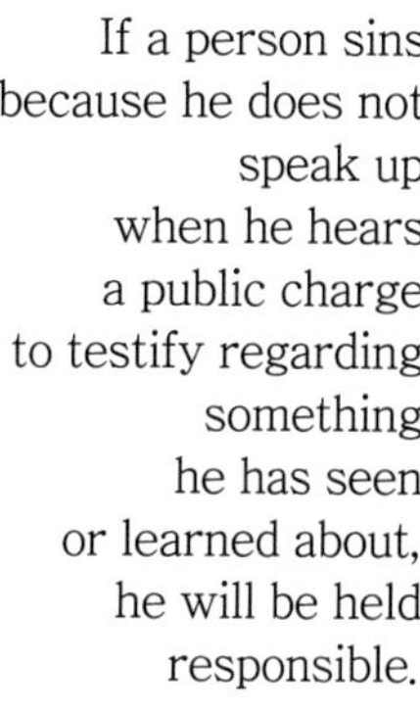

If a person sins
because he does not
speak up
when he hears
a public charge
to testify regarding
something
he has seen
or learned about,
he will be held
responsible.

(Leviticus 5:1)

OCT
24

여호와는 선하시며
환난 날에 산성이시라
그는 자기에게 피하는 자들을 아시느니라

(나훔 1장 7절)

The LORD is good, a refuge in times of trouble.
He cares for those who trust in him,

(Nahum 1:7)

MAR 12

Have I not commanded you?
Be strong and courageous.
Do not be terrified; do not be discouraged,
for the LORD your God will be with you wherever you go.

(Joshua 1:9)

내가 네게 명령한 것이 아니냐
강하고 담대하라 두려워하지 말며 놀라지 말라
네가 어디로 가든지 네 하나님 여호와가
너와 함께 하느니라 하시니라

(여호수아 1장 9절)

OCT
23

우리가 우리에게 죄 지은 모든 사람을
용서하오니 우리 죄도 사하여 주시옵고
우리를 시험에 들게 하지 마시옵소서 하라

(누가복음 11장 4절)

Forgive us our sins,
for we also forgive everyone who sins against us.
And lead us not into temptation.

(Luke 11:4)

MAR
13

내게 능력 주시는 자 안에서
내가 모든 것을 할 수 있느니라

(빌립보서 4장 13절)

I can do everything
through him
who gives me strength.

(Philippians 4:13)

OCT 22

늙을 때에 나를 버리지 마시며
내 힘이 쇠약할 때에 나를 떠나지 마소서

(시편 71편 9절)

Do not cast me away
when I am old;
do not forsake me
when my strength is gone.

(Psalms 71:9)

MAR

14

네 시작은 미약하였으나
네 나중은 심히 창대하리라

(욥기 8장 7절)

Your beginnings will seem humble,
so prosperous will your future be.

(Job 8:7)

가산이 적어도
여호와를 경외하는 것이
크게 부하고 번뇌하는 것보다
나으니라

(잠언 15장 16절)

Better a little
with the fear of the LORD
than great wealth
with turmoil.

(Proverbs 15:16)

예수께서 이르시되
할 수 있거든이 무슨 말이냐
믿는 자에게는
능히 하지 못할 일이없느니라 하시니

(마가복음 9장 23절)

" 'If you can'? " said Jesus.
"Everything is possible
for him who believes.".

(Mark 9:23)

He who is kind
to the poor lends to the LORD,
and he will reward him
for what he has done.

(Proverbs 19:17)

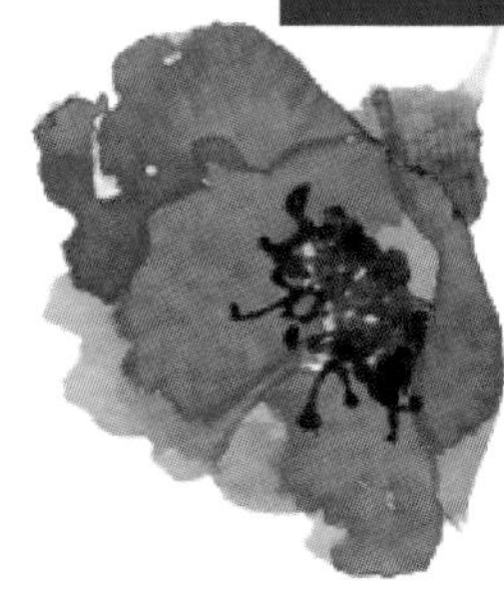

가난한 자를 불쌍히 여기는 것은
여호와께 꾸어 드리는 것이니
그의 선행을 그에게 갚아 주시리라

(잠언 19장 17절)

MAR
16

이르시되 내가 반드시 너에게
복 주고 복 주며 너를 번성하게 하고
번성하게 하리라 하셨더니

(히브리서 6장 14절)

saying,
"I will surely bless you and give you many descendants.".

(Hebrews 6:14)

OCT 19

여호와가 우리 하나님이신 줄
너희는 알지어다
그는 우리를 지으신 이요
우리는 그의 것이니 그의 백성이요
그의 기르시는 양이로다

(시편 100장 3절)

Know that the LORD is God.
It is he who made us,
and we are his ;
we are his people,
the sheep of his pasture.

(Psalms 100:3)

MAR 17

But the fruit of the Spirit is love, joy, peace,
patience, kindness, goodness, faithfulness,
gentleness and self-control.
Against such things there is no law.

(Galatians 5:22~23)

오직 성령의 열매는
사랑과 희락과
화평과 오래 참음과
자비와 양선과
충성과 온유와 절제니
이같은 것을 금지할
법이 없느니라

(갈라디아서 5장 22~23절)

OCT

18

주는 미쁘사
너희를 굳건하게 하시고
악한 자에게서 지키시리라

(데살로니가후서 3장 3절)

But the Lord is faithful,
and he will strengthen
and protect you
from the evil one.

(2 Thessalonians 3:3)

and envy; drunkenness, orgies, and the like.
I warn you, as I did before,
that those who live like this will not inherit
the kingdom of God.

(Galatians 5:21)

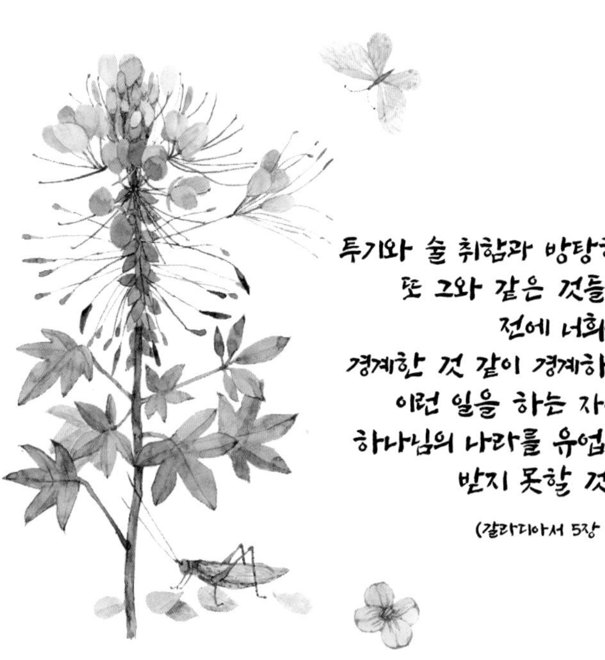

투기와 술 취함과 방탕함과
또 그와 같은 것들이라
전에 너희에게
경계한 것 같이 경계하노니
이런 일을 하는 자들은
하나님의 나라를 유업으로
받지 못할 것이요

(갈라디아서 5장 21절)

OCT
17

너희 중에 분깃이나 기업이 없는 레위인과
네 성중에 거류하는 객과 및 고아와 과부들이 와서
먹고 배부르게 하라 그리하면 네 하나님 여호와께서
네 손으로 하는 범사에 네게 복을 주시리라

(신명기 14장 29절)

so that the Levites
(who have no allotment or inheritance of their own)
and the aliens, the fatherless and the widows who live
in your towns may come and eat and be satisfied,
and so that the LORD your God may bless you
in all the work of your hands..

(Deuteronomy 14:29)

우리가 선을 행하되
낙심하지 말지니 포기하지 아니하면
때가 이르매 거두리라

(갈라디아서 6장 9절)

Let us not become weary in doing good,
for at the proper time we will reap a harvest
if we do not give up.

(Galatians 6:9)

OCT 16

See, darkness covers the earth
and thick darkness is over the peoples,
but the LORD rises upon you
and his glory appears over you.

(Isaiah 60:2)

보라
어둠이 땅을 덮을 것이며
캄캄함이 만민을 가리려니와
오직 여호와께서
네 위에 임하실 것이며
그의 영광이
네 위에 나타나리니

(이사야 60장 2절)

MAR 20

여호와가 우리 하나님이신 줄
너희는 알지어다
그는 우리를 지으신 이요
우리는 그의 것이니 그의 백성이요
그의 기르시는 양이로다

(시편 100편 3절)

Know that the LORD is God.
It is he who made us, and we are his ;
we are his people,
the sheep of his pasture.

(Psalms 100:3)

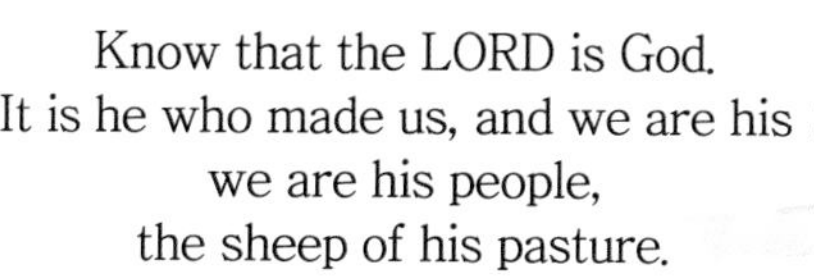

OCT 15

주는 미쁘사
너희를 굳건하게 하시고
악한 자에게서 지키시리라

(데살로니가후서 3장 3절)

But the Lord is faithful,
and he will strengthen
and protect you from the evil one.

(2 Thessalonians 3:3)

MAR
21

여호와는 위대하시니 지극히 찬양할 것이요
모든 신들보다 경외할 것임이여
만국의 모든 신들은 우상들이지만
여호와께서는 하늘을 지으셨음이로다

(시편 96편 4~5절)

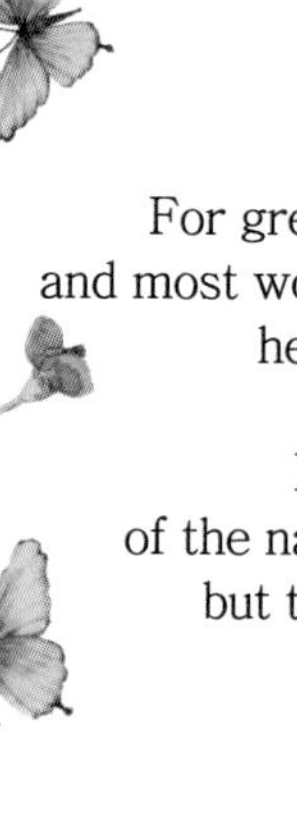

For great is the LORD
and most worthy of praise;
he is to be feared
above all gods.
For all the gods
of the nations are idols,
but the LORD made
the heavens.

(Psalms 96:4~5)

OCT 14

There will be no more night.
They will not need the light of a lamp
or the light of the sun,
for the Lord God will give them light.
And they will reign for ever and ever.

(Revelation 22:5)

다시 밤이 없겠고 등불과 햇빛이 쓸 데 없으니
이는 주 하나님이 그들에게 비치심이라
그들이 세세토록 왕 노릇 하리로다

(요한계시록 22장 5절)

MAR
22

몸은 죽여도 영혼은 능히 죽이지 못하는 자들을 두려워하지 말고 오직 몸과 영혼을 능히 지옥에 멸하실 수 있는 이를 두려워하라

(마태복음 10장 28절)

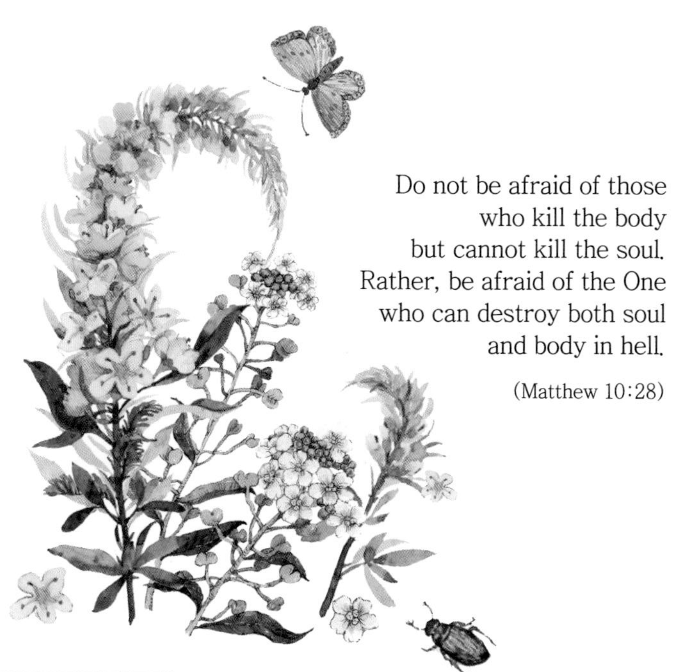

Do not be afraid of those
who kill the body
but cannot kill the soul.
Rather, be afraid of the One
who can destroy both soul
and body in hell.

(Matthew 10:28)

길 가운데로 흐르더라
강 좌우에 생명나무가 있어
열두 가지 열매를 맺되 달마다 그 열매를 맺고
그 나무 잎사귀들은
만국을 치료하기 위하여 있더라

(요한계시록 22장 2절)

down the middle
of the great street of the city.
On each side of the river
stood the tree of life,
bearing twelve crops of fruit,
yielding its fruit every month.
And the leaves of the tree are
for the healing of the nations..

(Revelation 22:2)

I am the gate;
whoever enters through me will be saved.
He will come in and go out, and find pasture.

(John 10:9)

내가 문이니 누구든지
나로 말미암아 들어가면
구원을 받고
또는 들어가며 나오며
꼴을 얻으리라

(요한복음 10장 9절)

너희가 육신대로 살면 반드시 죽을 것이로되
영으로써 몸의 행실을 죽이면 살리니
무릇 하나님의 영으로 인도함을 받는 사람은
곧 하나님의 아들이라

(로마서 8장 13~14절)

For if you live according
to the sinful nature,
you will die; but if by the Spirit
you put to death
the misdeeds of the body,
you will live, because those
who are led by the Spirit
of God are sons of God.

(Romans 8:13~14)

He said, "Throw your net on the right side of
the boat and you will find some."
When they did, they were unable to haul
the net in because of the large number of fish.

(John 21:6)

이르시되
그물을 배 오른편에 던지라
그리하면 잡으리라 하시니
이에 던졌더니
물고기가 많아
그물을 들 수 없더라

(요한복음 21장 6절)

OCT 11

네 마음으로
죄인의 형통을 부러워하지 말고
항상 여호와를 경외하라

(잠언 23장 17절)

Do not let your heart
envy sinners,
but always be zealous
for the fear of the LORD.

(Proverbs 23:17)

MAR
25

주 하나님이 이르시되
나는 알파와 오메가라
이제도 있고 전에도 있었고 장차 올 자요
전능한 자라 하시더라

(요한계시록 1장 8절)

"I am the Alpha and the Omega,"
says the Lord God, "who is, and who was,
and who is to come, the Almighty."

(Revelation 1:8)

OCT

10

인자가 온 것은 잃어버린 자를 찾아
구원하려 함이니라
(누가복음 19장 10절)

For the Son of Man came to seek
and to save what was lost.

(Luke 19:10)

Then the angel showed me the river of
the water of life, as clear as crystal,
flowing from the throne of God and of the Lamb
down the middle of the great street of the city.

(Revelation 22:1~2)

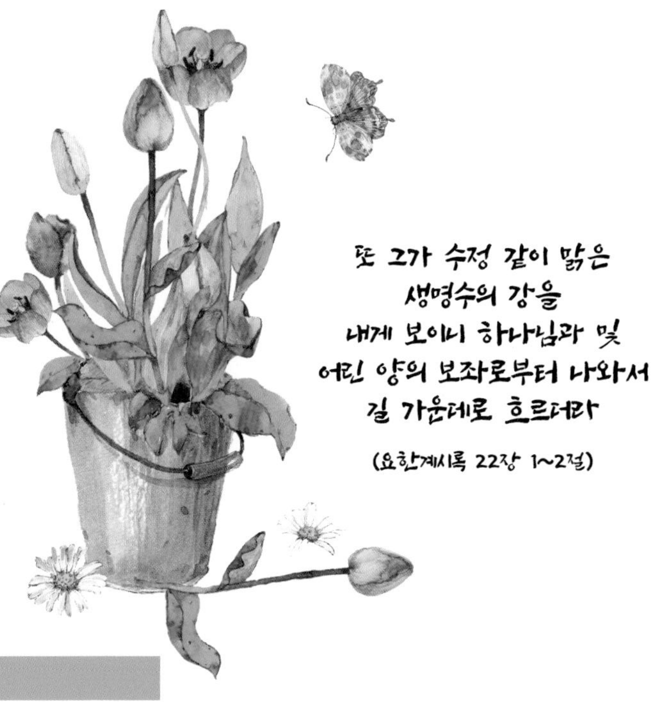

또 그가 수정 같이 맑은
생명수의 강을
내게 보이니 하나님과 및
어린 양의 보좌로부터 나와서
길 가운데로 흐르더라

(요한계시록 22장 1~2절)

OCT 9

고난 당한 것이 내게 유익이라
이로 말미암아 내가 주의 율례들을 배우게 되었나이다
(시편 119편 71절)

It was good for me
to be afflicted so
that I might learn
your decrees.
(Psalms 119:71)

MAR 27

to govern the day and the night,
and to separate light from darkness.
And God saw that it was good.

(Genesis 1:18)

낮과 밤을 주관하게 하시고
빛과 어둠을 나뉘게 하시니
하나님이 보시기에 좋았더라

(창세기 1장 18절)

OCT 8

너희가 전에는 어둠이더니
이제는 주 안에서 빛이라 빛의 자녀들처럼 행하라

(에베소서 5장 8절)

For you were
once darkness,
but now you are light
in the Lord.
Live as children of light

(Ephesians 5:8)

MAR 28

So neither
he who plants nor
he who waters is anything,
but only God,
who makes things grow..

(1 Corinthians 3:7)

그런즉
심는 이나 물 주는 이는
아무 것도 아니로되
오직 자라게 하시는 이는
하나님뿐이니라

(고린도전서 3장 7절)

OCT
7

너희 하나님 여호와는
너희와 함께 행하시며 너희를 위하여
너희 적군과 싸우시고
구원하실 것이라 할 것이며

(신명기 20장 4절)

For the LORD your God is the one who goes with you
to fight for you against your enemies to give you victory.

(Deuteronomy 20:4)

MAR
29

여호와여 주는 나의 방패시요
나의 영광이시요
나의 머리를 드시는 자이시니이다

(시편 3편 3절)

But you are a shield around me,
O LORD; you bestow glory
on me and lift up my head.

(Psalms 3:3)

OCT
6

입과 혀를 지키는 자는
자기의 영혼을 환난에서 보전하느니라

(잠언 21장 23절)

He who guards
his mouth
and his tongue keeps
himself
from calamity.

(Proverbs 21:23)

MAR

30

인자가 온 것은 섬김을 받으려 함이 아니라
도리어 섬기려 하고 자기 목숨을
많은 사람의 대속물로 주려 함이니라

(마가복음 10장 45절)

For even the Son of Man
did not come to be served,
but to serve,
and to give his life
as a ransom for many.

(Mark 10:45)

OCT 5

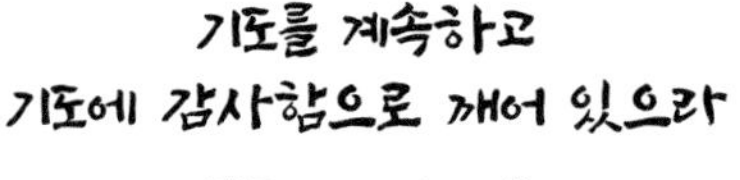

Devote yourselves
to prayer,
being watchful
and thankful.

(Colossians 4:2)

Then they cried out to the LORD in their trouble,
and he delivered them from their distress.
He led them by a straight way to a city
where they could settle.

(Psalms 107:6~7)

이에 그들이 근심 중에 여호와께 부르짖으매
그들의 고통에서 건지시고또 바른 길로 인도하사
거주할 성읍에 이르게 하셨도다

(시편 107편 6~7절)

I love those who love me,
and those who seek me find me.

(Proverbs 8:17)

나를 사랑하는 자들이
나의 사랑을 입으며
나를 간절히 찾는 자가
나를 만날 것이니라

(잠언 8장 17절)

예수께서 행하신 일이
이 외에도 많으니
만일 낱낱이 기록된다면
이 세상이라도 이 기록된 책을 두기에
부족할 줄 아노라

(요한복음 21장 25절)

Jesus did many
other things as well.
If every one of them
were written down,
I suppose that even
the whole world
would not have room
for the books
that would be written.

(John 21:25)

하물며 하나님께서
그 밤낮 부르짖는 택하신 자들의 원한을
풀어 주지 아니하시겠느냐
그들에게 오래 참으시겠느냐

(누가복음 18장 7절)

And will not
God bring about justice
for his chosen ones,
who cry out to him day
and night?
Will he keep
putting them off?

(Luke 18:7)

APR
2

You set a boundary they cannot cross;
never again will they cover the earth.

(Psalms 104:9)

주께서 물의 경계를 정하여
넘치지 못하게 하시며
다시 돌아와 땅을 덮지 못하게 하셨나이다

(시편 104편 9절)

이르시되
미혹을 받지 않도록 주의하라
많은 사람이 내 이름으로 와서 이르되
내가 그라 하며
때가 가까이 왔다 하겠으나
그들을 따르지 말라

(누가복음 21장 8절)

He replied:
"Watch out that you are not deceived. For many will come in my name, claiming, 'I am he,' and, 'The time is near.' Do not follow them.

(Luke 21:8)

악인을 두둔하는 것과
재판할 때에 의인을 억울하게 하는 것이
선하지 아니하니라

(잠언 18장 5절)

It is not good to be partial
to the wicked or to deprive
the innocent of justice.

(Proverb 18:5)

OCT
1

대답하여 이르시되
내가 너희에게 말하노니
만일 이 사람들이 침묵하면
돌들이 소리 지르리라 하시니라

(누가복음 19장 40절)

"I tell you,
" he replied,
"if they keep quiet,
the stones will
cry out."

(Luke 19:40)

APR 4

당신은 가서 수산에 있는 유다인을 다 모으고
나를 위하여 금식하되 밤낮 삼 일을
먹지도 말고 마시지도 마소서
나도 나의 시녀와 더불어 이렇게 금식한 후에
규례를 어기고 왕에게 나아가리니
죽으면 죽으리이다 하니라

(에스더 4장 16절)

"Go, gather together
all the Jews who are in Susa,
and fast for me.
Do not eat or drink
for three days, night or day.
I and my maids will fast
as you do.
When this is done,
I will go to the king,
even though
it is against the law.
And if I perish, I perish."

(Esther 4:16)

SEPT

30

오히려 너희가 그리스도의 고난에
참여하는 것으로 즐거워하라
이는 그의 영광을 나타내실 때에
너희로 즐거워하고 기뻐하게 하려 함이라

(베드로전서 4장 13절)

But rejoice that
you participate
in the sufferings
of Christ,
so that you may be
overjoyed
when his glory is
revealed.

(1 Peter 4:13)

Therefore no one
will be declared righteous in his sight
by observing the law;
rather, through the law
we become conscious of sin.

(Romans 3:20)

그러므로 율법의 행위로
그의 앞에 의롭다 하심을
얻을 육체가 없나니
율법으로는
죄를 깨달음이니라

(로마서 3장 20절)

SEPT 29

우리가 알거니와
우리의 옛 사람이
예수와 함께 십자가에 못 박힌 것은
죄의 몸이 죽어 다시는 우리가 죄에게
종 노릇 하지 아니하려 함이니

(로마서 6장 6절)

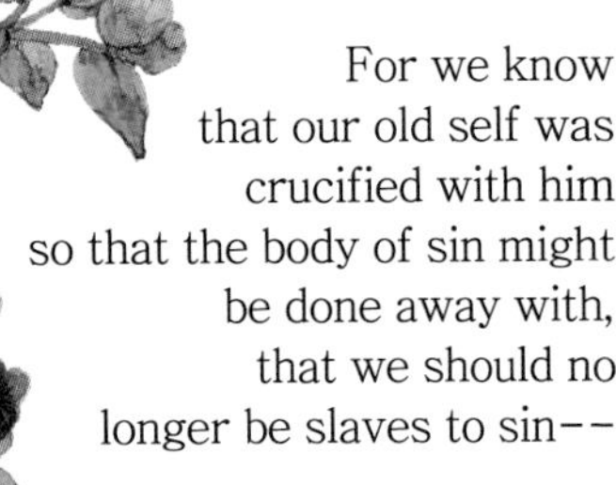

For we know
that our old self was
crucified with him
so that the body of sin might
be done away with,
that we should no
longer be slaves to sin--

(Romans 6:6)

APR

6

그여호와의 군대 대장이
여호수아에게 이르되
네 발에서 신을 벗으라
네가 선 곳은 거룩하니라 하니
여호수아가 그대로 행하니라

(여호수아 5장 15절)

The commander
of the LORD's army replied,
"Take off your sandals,
for the place where
you are standing is holy."
And Joshua did so.

(Joshua 5:15)

SEPT 28

"Make every effort to enter through the narrow door,
because many, I tell you, will try to enter
and will not be able to.
Once the owner of the house gets up and closes the door,
you will stand outside knocking and pleading,
'Sir, open the door for us.' "But he will answer,
'I don't know you or where you come from.'

(Luke 13:24~25)

좁은 문으로
들어가기를 힘쓰라
내가 너희에게 이르노니
들어가기를 구하여도
못하는 자가 많으리라
집 주인이 일어나
문을 한 번 닫은 후에
너희가 밖에 서서
문을 두드리며
주여 열어 주소서 하면
그가 대답하여 이르되
나는 너희가 어디에서
온 자인지 알지 못하노라
하리니

(누가복음 13장 24~25절)

APR
7

다른 사람의 피를 흘리면
그 사람의 피도 흘릴 것이니
이는 하나님이 자기 형상대로 사람을
지으셨음이니라

(창세기 9장 6절)

Whoever sheds the blood of man,
by man shall his blood be shed;
for in the image of God has God made man.

(Genesis 9:6)

SEPT 27

"Suppose one of you has a hundred sheep
and loses one of them.
Does he not leave the ninety-nine in the open country
and go after the lost sheep until he finds it?

(Luke 15:4)

너희 중에
어떤 사람이
양 백 마리가 있는데
그 중의 하나를 잃으면
아흔아홉 마리를 들에 두고
그 잃은 것을 찾아내기까지
찾아다니지 아니하겠느냐

(누가복음 15장 4절)

These are
the clans of Noah's sons,
according to their
lines of descent,
within their nations.
From these
the nations
spread out over
the earth after
the flood.

(Genesis 10:32)

이들은 그 백성들의 족보에 따르면
노아 자손의 족속들이요 홍수 후에 이들에게서
그 땅의 백성들이 나뉘었더라

(창세기 10장 32절)

SEPT 26

Now this is eternal life:
that they may know you,
the only true God, and Jesus Christ,
whom you have sent.

(John 17:3)

영생은 곧
유일하신 참 하나님과
그가 보내신 자
예수 그리스도를
아는 것이니이다

(요한복음 17장 3절)

APR

9

입을 지키는 자는 자기의 생명을 보전하나
입술을 크게 벌리는 자에게는 멸망이 오느니라

(잠언 13장 3절)

He who guards his lips
guards his life,
but he who speaks rashly
will come to ruin.

(Proverbs 13:3)

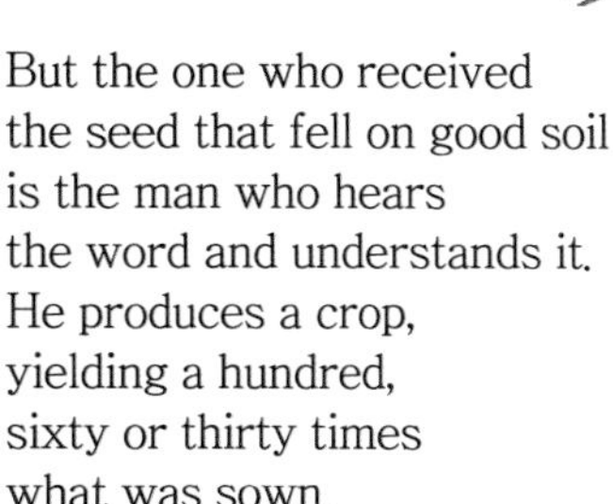

But the one who received
the seed that fell on good soil
is the man who hears
the word and understands it.
He produces a crop,
yielding a hundred,
sixty or thirty times
what was sown.

(Matthew 13:23)

좋은 땅에 뿌려졌다는 것은
말씀을 듣고 깨닫는 자니
결실하여 어떤 것은 백 배, 어떤 것은 육십 배,
어떤 것은 삼십 배가 되느니라 하시더라

(마태복음 13장 23절)

APR 10

Then you will call upon me
and come and pray to me,
and I will listen to you.

(Jeremiah 29:12)

너희가 내게 부르짖으며
내게 와서 기도하면
내가 너희들의 기도를 들을 것이요

(예레미야 29장 12절)

I love you,
O LORD, my strength.
(Psalms 18:1)

나의 힘이신 여호와여
내가 주를 사랑하나이다
(시편 18편 1절)

APR
11

하나님은 모든 행위와 모든 은밀한 일을 선악 간에 심판하시리라

(전도서 12장 14절)

For God will bring every deed into judgment,
including every hidden thing,
whether it is good or evil

(Ecclesiastes 12:14)

SEPT 23

진실로 악을 행하는 자들은 끊어질 것이나
여호와를 소망하는 자들은 땅을 차지하리로다

(시편 37편 9절)

For evil men will be cut off,
but those who hope
in the LORD will inherit the land.

(Psalms 37:9)

APR 12

Heaven and earth will pass away,
but my words will never pass away.

(Matthew 24:35)

천지는 없어질지언정
내 말은
없어지지 아니하리라

(마태복음 24장 35절)

**또 천국은 마치 바다에 치고 각종 물고기를 모는 그물과 같으니
그물에 가득하매 물 가로 끌어 내고 앉아서
좋은 것은 그릇에 담고 못된 것은 내버리느니라**

(마태복음 13장 47~48절)

"Once again, the kingdom of heaven is like a net
that was let down into the lake and caught all kinds of fish.
When it was full, the fishermen pulled it up on the shore.
Then they sat down and collected the good fish in baskets,
but threw the bad away.

(Matthew 13:47~48)

APR 13

Give to everyone who asks you,
and if anyone takes what belongs to you,
do not demand it back.
Do to others as you would have them do to you.

(Luke 6:30~31)

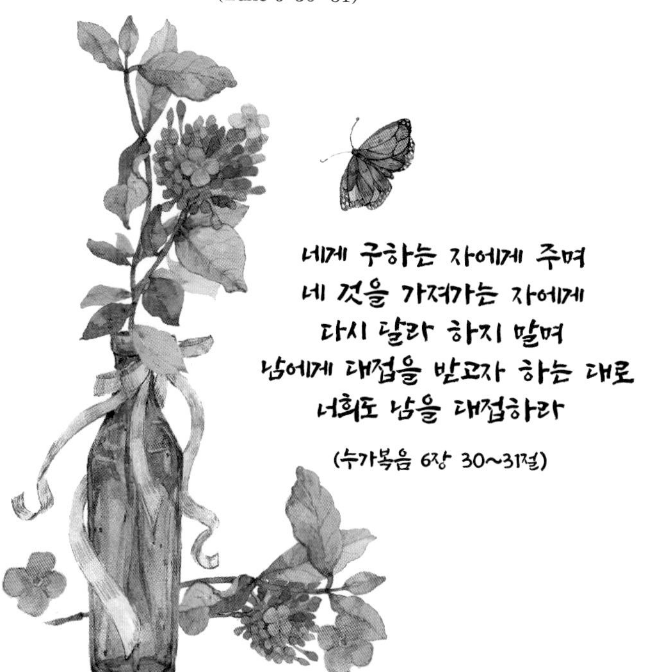

네게 구하는 자에게 주며
네 것을 가져가는 자에게
다시 달라 하지 말며
남에게 대접을 받고자 하는 대로
너희도 남을 대접하라

(누가복음 6장 30~31절)

SEPT
21

그들이 서로 말하되 길에서 우리에게 말씀하시고
우리에게 성경을 풀어 주실 때에 우리 속에서
마음이 뜨겁지 아니하더냐 하고

(누가복음 24장 32절)

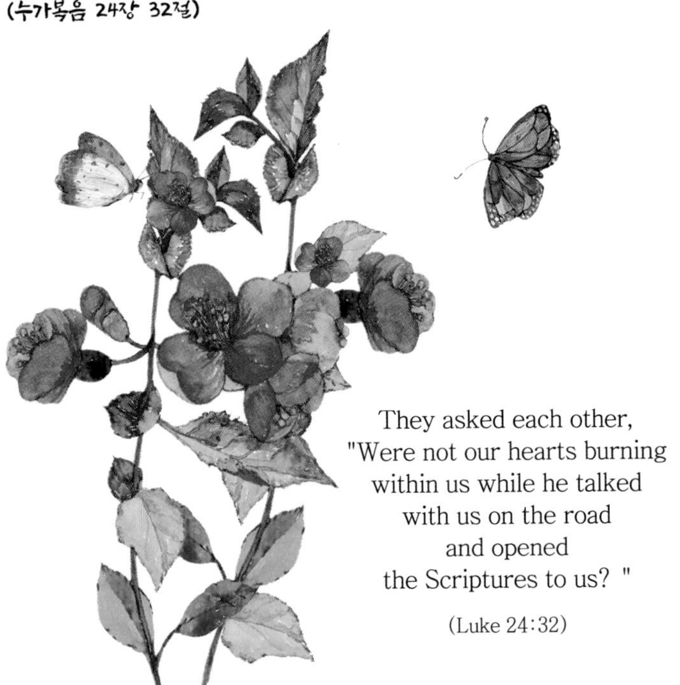

They asked each other,
"Were not our hearts burning
within us while he talked
with us on the road
and opened
the Scriptures to us? "

(Luke 24:32)

Whatever you do,
work at it with all your heart,
as working for the Lord, not for men,

(Colossians 3:23)

무슨 일을 하든지
마음을 다하여
주께 하듯 하고
사람에게 하듯 하지 말라

(골로새서 3장 23절)

The LORD sends poverty and wealth;
he humbles and he exalts.

(1 Samuel 2:7)

여호와는 가난하게도 하시고
부하게도 하시며 낮추기도 하시고 높이기도 하시는도다

(사무엘상 2장 7절)

If the LORD delights in a man's way,
he makes his steps firm;
though he stumble, he will not fall, for the LORD
upholds him with his hand.

(Psalms 37:23~24)

여호와께서 사람의 걸음을
정하시고 그의 길을
기뻐하시나니
그는 넘어지나 아주
엎드러지지 아니함은
여호와께서 그의 손으로
붙드심이로다

(시편 37장 23~24절)

SEPT 19

여호와여 신 중에 주와 같은 자가 누구니이까
주와 같이 거룩함으로 영광스러우며
찬송할 만한 위엄이 있으며
기이한 일을 행하는 자가 누구니이까

(출애굽기 15장 11절)

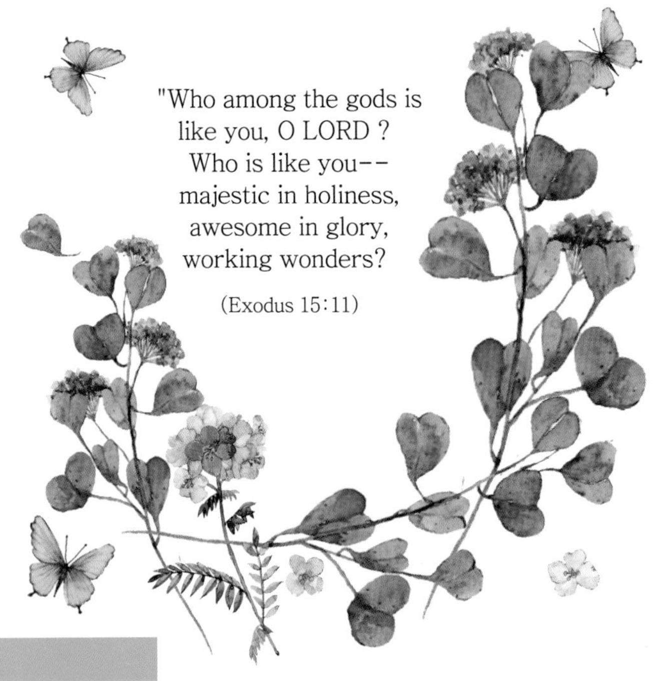

"Who among the gods is
like you, O LORD ?
Who is like you--
majestic in holiness,
awesome in glory,
working wonders?

(Exodus 15:11)

APR

16

헛된 영광을 구하여
서로 노엽게 하거나 서로 투기하지
말지니라

(갈라디아서 5장 6절)

Let us not become conceited,
provoking and envying
each other.

(Galatians 5:6)

SEPT 18

Because of the LORD's great love
we are not consumed,
for his compassions never fail.
They are new every morning;
great is your faithfulness.

(Lamentations 3:22~23)

여호와의 인자와 긍휼이
무궁하시므로 우리가 진멸되지
아니함이니이다 이것들이
아침마다 새로우니
주의 성실하심이 크시도소이다

(예레미야애가 3장 22~23절)

APR 17

But the LORD is in his holy temple;
let all the earth be silent before him.

(Habakkuk 2:20)

오직 여호와는
그 성전에 계시니
온 땅은 그 앞에서
잠잠할지니라 하시니라

(하박국 2장 20절)

SEPT 17

Hatred stirs up
dissension,
but love covers over
all wrongs.

(Proverbs 10:12)

미움은 다툼을 일으켜도
사랑은 모든 허물을 가리느니라

(잠언 10장 12절)

APR 18

What good is it for a man to gain
the whole world, yet forfeit his soul?
Or what can a man give inexchange for his soul?

(Mark 8:36~37)

사람이 만일 온 천하를 얻고도
자기 목숨을 잃으면 무엇이 유익하리요
사람이 무엇을 주고
자기 목숨과 바꾸겠느냐

(마가복음 8장 36~37절)

SEPT 16

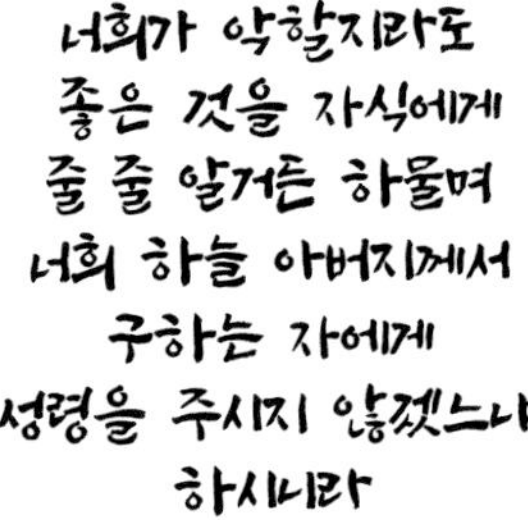

If you then,
though you are evil,
know how to give good gifts
to your children,
how much more
will your Father in heaven
give the Holy Spirit
to those who ask him!

(Luke 11:13)

For he does not willingly bring affliction
or grief to the children of men.

(Lamentations 3:33)

주께서
인생으로 고생하게 하시며
근심하게 하심은 본심이
아니시로다

(예레미야애가 3장 33절)

십자가의 도가
멸망하는 자들에게는
미련한 것이요
구원을 받는 우리에게는
하나님의 능력이라

(고린도전서 1장 18절)

For the message
of the cross is foolishness
to those who are perishing,
but to us who are being saved
it is the power of God.

(1 Corinthians 1:18)

APR 20

Everyone
who has this hope in him purifies himself,
just as he is pure.

(1 John 3:3)

주를 향하여
이 소망을 가진 자마다
그의 깨끗하심과 같이
자기를 깨끗하게 하느니라

(요한 1서 3장 3절)

SEPT

14

예수께서 대답하여 이르시되
건강한 자에게는 의사가 쓸 데 없고
병든 자에게라야 쓸 데 있나니
내가 의인을 부르러 온 것이 아니요
죄인을 불러 회개시키러 왔노라

(누가복음 5장 31~32절)

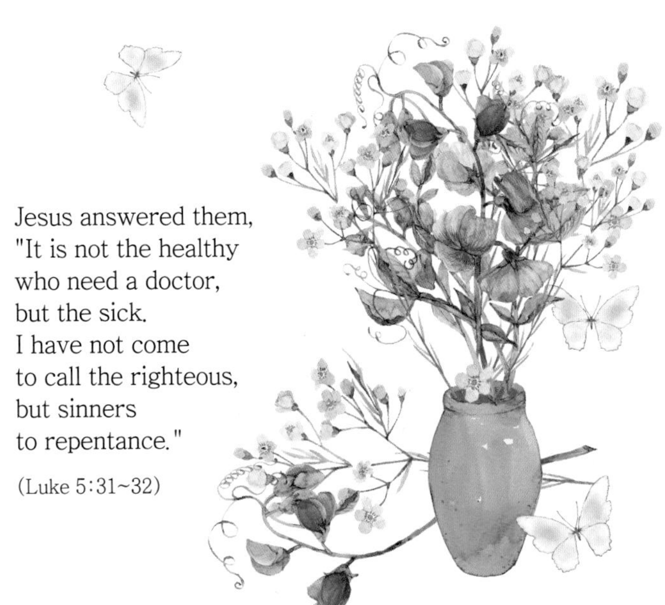

Jesus answered them,
"It is not the healthy
who need a doctor,
but the sick.
I have not come
to call the righteous,
but sinners
to repentance."

(Luke 5:31~32)

화평하게 하는 자들은
화평으로 심어 의의 열매를 거두느니라

(야고보서 3장 18절)

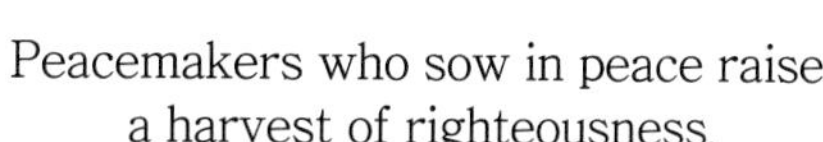
Peacemakers who sow in peace raise
a harvest of righteousness.

(James 3:18)

SEPT 13

앉아서 먹는 자가 크냐
섬기는 자가 크냐
앉아서 먹는 자가 아니냐
그러나 나는 섬기는 자로
너희 중에 있노라

(누가복음 22장 27절)

For who is greater,
the one who is at the table
or the one who serves?
Is it not the one who is at the table?
But I am among you as one
who serves.

(Luke 22:27)

APR
22

The body is a unit,
though it is made up of many parts;
and though all its parts are many,
they form one body. So it is with Christ.

(1 Corinthians 12:12)

몸은 하나인데
많은 지체가 있고
몸의 지체가 많으나
한 몸임과 같이
그리스도도 그러하니라

(고린도전서 12장 12절)

SEPT 12

아침에 나로 하여금
주의 인자한 말씀을 듣게 하소서
내가 주를 의뢰함이니이다
내가 다닐 길을 알게 하소서
내가 내 영혼을 주께 드림이니이다

(시편 143편 8절)

Let the morning bring me
word of your unfailing love,
for I have put my trust in you.
Show me the way I should go,
for to you I lift up my soul.

(Psalms 143:8)

APR 23

여호와께 피하는 것이
사람을 신뢰하는 것보다 나으며
여호와께 피하는 것이
고관들을 신뢰하는 것보다 낫도다

(시편 118편 8~9절)

It is better
to take refuge
in the LORD than
to trust in man.
It is better
to take refuge
in the LORD than
to trust in princes.

(Psalms 118:8~9)

SEPT
11

내 사랑하는 자들아
너희가 친히 원수를 갚지 말고
하나님의 진노하심에 맡기라
기록되었으되 원수 갚는 것이 내게 있으니
내가 갚으리라고 주께서 말씀하시니라

(로마서 12장 19절)

Do not take revenge,
my friends,
but leave room
for God's wrath,
for it is written:
"It is mine to avenge;
I will repay,"
says the Lord.

(Romans 12:19)

내가 산을 향하여 눈을 들리라
나의 도움이 어디서 올까
나의 도움은 천지를 지으신 여호와에게서로다

(시편 121편 1~2절)

I lift up my eyes
to the hills--
where does
my help come from?
My help comes
from the LORD,
the Maker of heaven
and earth.

(Psalms 121:1~2)

SEPT 10

무릇 자기 목숨을
보전하고자 하는 자는 잃을 것이요
잃는 자는 살리리라

(누가복음 17장 33절)

Whoever tries to keep his life will lose it,
and whoever loses his life will preserve it.

(Luke 17:33)

APR 25

각각 은사를 받은 대로
하나님의 여러 가지 은혜를 맡은
선한 청지기 같이
서로 봉사하라

(베드로전서 4장 10절)

Each one should use
whatever gift he has received
to serve others,
faithfully administering
God's grace
in its various forms.

(1 Pete 4:10)

이르되 그러면 아버지여 구하노니
나사로를 내 아버지의 집에 보내소서
내 형제 다섯이 있으니 그들에게 증언하게 하여
그들로 이 고통 받는 곳에 오지 않게 하소서

(누가복음 16장 27~28절)

"He answered,
'Then
I beg you, father,
send Lazarus
to my father's house,
for I have
five brothers.
Let him warn them,
so that they will not
also come to this place
of torment.'

(Luke 16:27~28)

APR 26

내가 주께 범죄하지 아니하려 하여
주의 말씀을 내 마음에 두었나이다

(시편 119편 11절)

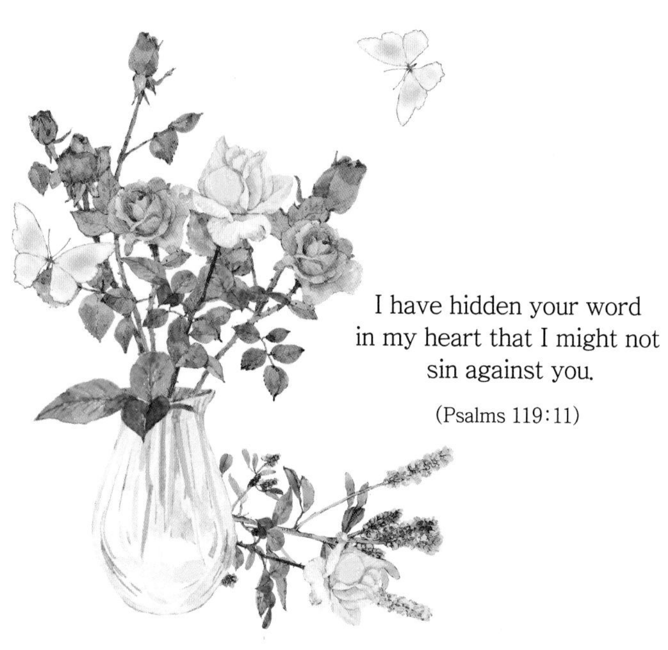

I have hidden your word
in my heart that I might not
sin against you.

(Psalms 119:11)

SEPT

8

"Whoever can be trusted with very little
can also be trusted with much,
and whoever is dishonest
with very little will also be dishonest with much.

(Luke 10:10)

지극히 작은 것에
충성된 자는
큰 것에도 충성되고
지극히 작은 것에
불의한 자는
큰 것에도 불의하니라

(누가복음 10장 10절)

"Come to me,
all you who are weary and burdened,
and I will give you rest.

(Matthew 11:28)

수고하고 무거운 짐 진 자들아
다 내게로 오라 내가 너희를 쉬게 하리라

(마태복음 11장 28절)

Listen, my son,
to your father's instruction
and do not forsake your mother's teaching.

(Proverbs 1:8)

내 아들아
네 아비의 훈계를 들으며
네 어미의 법을 떠나지 말라

(잠언 1장 8절)

APR 28

Make sure that nobody pays back wrong for wrong, but always try to be kind t o each other and to everyone else.

(1 Thessalonians 5:15)

삼가 누가 누구에게든지
악으로 악을 갚지 말게 하고
서로 대하든지 모든 사람을 대하든지
항상 선을 따르라

(데살로니가전서 5장 15절)

But who are you, O man,
to talk back to God?
"Shall what is formed say
to him who formed it,
'Why did you make me like this'"

(Romans 9:20)

이 사람아
네가 누구이기에
감히 하나님께
반문하느냐
지음을 받은 물건이
지은 자에게
어찌 나를
이같이 만들었느냐
말하겠느냐

(로마서 9장 20절)

APR 29

When I said, "My foot is slipping," your love,
O LORD, supported me.
When anxiety was great within me,
your consolation brought joy to my soul.

(Psalms 94:18~19)

여호와여
나의 발이 미끄러진다고
말할 때에 주의 인자하심이
나를 붙드셨사오며
내 속에 근심이 많을 때에
주의 위안이
내 영혼을 즐겁게 하시나이다

(시편 94편 18~19절)

SEPT

5

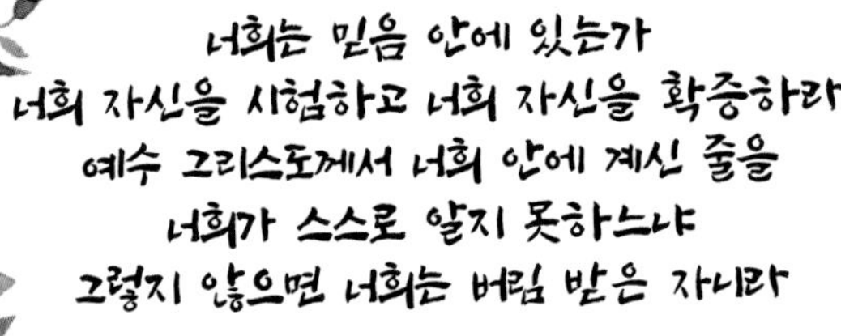

Examine yourselves to see whether you are in the faith; test yourselves. Do you not realize that Christ Jesus is in you--unless, of course, you fail the test?

(2 Corinthians 13:5)

APR
30

여호와의 교훈은 정직하여
마음을 기쁘게 하고
여호와의 계명은 순결하여
눈을 밝게 하시도다

(시편 19편 8절)

The precepts
of the LORD are right,
giving joy to the heart.
The commands
of the LORD are radiant,
giving light to the eyes.

(Psalms 19:8)

SEPT 4

이것이 곧 적게 심는 자는 적게 거두고
많이 심는 자는 많이 거둔다 하는 말이로다

(고린도후서 9장 6절)

Remember this:
Whoever sows sparingly
will also reap sparingly,
and whoever sows generously
will also reap generously.

(2 Corinthians 9:6)

MAY

1

우리 주 하나님이여
영광과 존귀와 권능을 받으시는 것이
합당하오니 주께서 만물을 지으신지라
만물이 주의 뜻대로 있었고
또 지으심을 받았나이다 하더라

(요한계시록 4장 11절)

"You are worthy, our Lord and God, to receive glory
and honor and power, for you created all things,
and by your will they were created and have their being."

(Revelation 4:11)

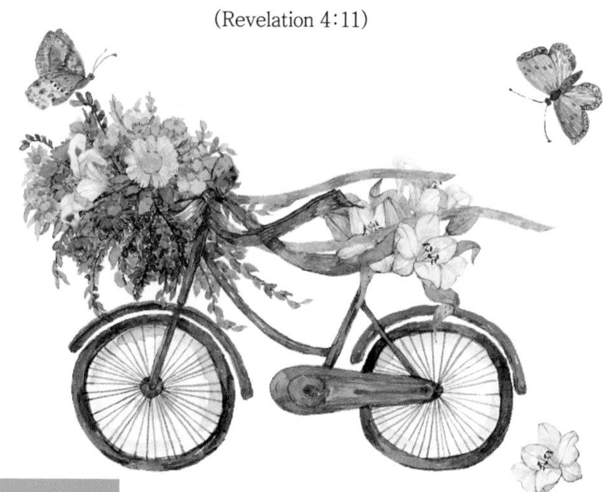

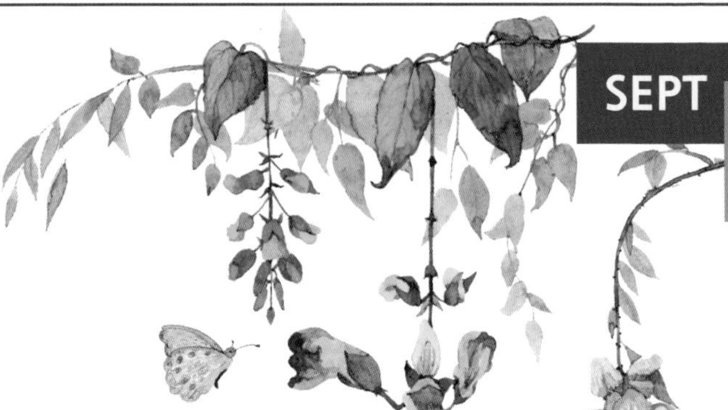

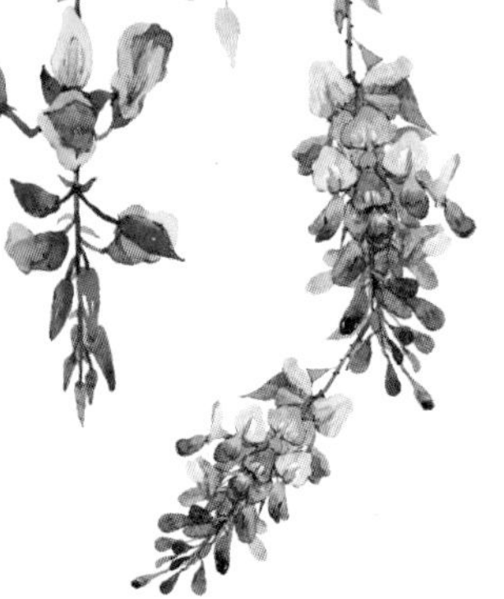

우리가
세상에 아무 것도
가지고 온 것이 없으매
또한 아무 것도 가지고
가지 못하리니
우리가 먹을 것과
입을 것이 있은즉
족한 줄로 알 것이니라

(디모데전서 6장 7~8절)

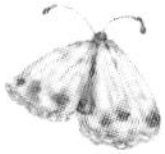

For we brought nothing into the world, and we can take
nothing out of it.But if we have food and clothing,
we will be content with that.

(1 Timothy 6:7~8)

MAY 2

그러므로 우리는 예수로 말미암아
항상 찬송의 제사를
하나님께 드리자
이는 그 이름을 증언하는 입술의 열매니라

(히브리서 13장 15절)

Through Jesus, therefore,
let us continually offer to God a sacrifice of praise--
the fruit of lips that confess his name.

(Hebrews 13:15)

SEPT

2

대저 여호와는 우리 재판장이시요
여호와는 우리에게 율법을 세우신 이요
여호와는 우리의 왕이시니
그가 우리를 구원하실 것임이라

(이사야 33장 22절)

For the LORD is
our judge,
the LORD is
our lawgiver,
the LORD is
our king;
it is he who will
save us..

(Isaiah 33:22)

MAY

3

Whoever says to the guilty,
"You are innocent"--
peoples will curse him and nations denounce him.
But it will go well with those who convict the guilty,
and rich blessing will come upon them.

(Proverbs 24:24~25)

악인에게
네가 옳다 하는 자는
백성에게 저주를 받을 것이요
국민에게 미움을 받으려니와
오직 그를 견책하는 자는
기쁨을 얻을 것이요
또 좋은 복을 받으리라

(잠언 24장 24~25절)

마리아는 지극히 비싼 향유
곧 순전한 나드 한 근을 가져다가
예수의 발에 붓고
자기 머리털로 그의 발을 닦으니
향유 냄새가 집에 가득하더라

(요한복음 12장 3절)

Then Mary took about
a pint of pure nard,
an expensive perfume;
she poured it on Jesus' feet
and wiped his feet
with her hair.
And the house was
filled with the fragrance
of the perfume.

(John 12:3)

MAY 4

너희 중에 고난 당하는 자가 있느냐
그는 기도할 것이요
즐거워하는 자가 있느냐 그는 찬송할지니라

(야고보서 5장 13절)

Is any one of you
in trouble?
He should pray.
Is anyone happy?
Let him sing
songs of praise.

(James 5:13)

백부장과 및 함께 예수를 지키던 자들이
지진과 그 일어난 일들을 보고 심히 두려워하여
이르되 이는 진실로 하나님의 아들이었도다 하더라

(마태복음 27장 54절)

When the centurion
and those with him
who were guarding
Jesus saw the earthquake
and all that had happened,
they were terrified,
and exclaimed,
"Surely he was
the Son of God!"

(Matthew 27:54)

MAY 5

여호와여 주께서 하신 일이
어찌 그리 많은지요
주께서 지혜로 그들을 다 지으셨으니
주께서 지으신 것들이 땅에 가득하니이다

(시편 104편 24절)

How many are
your works, O LORD!
In wisdom
you made them all;
the earth is full
of your creatures.

(Psalms 104:24)

AUG 30

For the love of money is a root of
all kinds of evil. Some people,
eager for money, have wandered
from the faith and pierced themselves
with many griefs.

(1 Timothy 6:10)

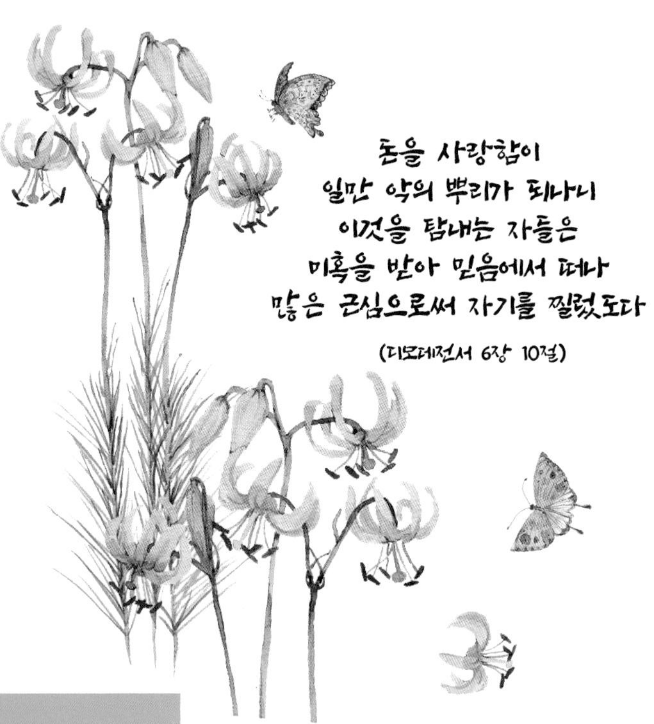

돈을 사랑함이
일만 악의 뿌리가 되나니
이것을 탐내는 자들은
미혹을 받아 믿음에서 떠나
많은 근심으로써 자기를 찔렀도다

(디모데전서 6장 10절)

범사에 헤아려 좋은 것을 취하고
악은 어떤 모양이라도 버리라

(데살로니가전서 5장 21~22절)

Test everything.
Hold on to the good.
Avoid every kind of evil.

(1 Thessalonians 5:21~22)

그가 큰 나팔소리와 함께
천사들을 보내리니 그들이 그의 택하신 자들을
하늘 이 끝에서 저 끝까지 사방에서 모으리라

(마태복음 24장 31절)

And he will send his angels with a loud trumpet call,
and they will gather his elect from the four winds,
from one end of the heavens to the other.

(Matthew 24:31)

MAY
7

And whatever you do, whether in word or deed,
do it all in the name of the Lord Jesus,
giving thanks to God the Father through him.

(Colossians 3:17)

또 무엇을 하든지
말에나 일에나
다 주 예수의 이름으로 하고
그를 힘입어 하나님 아버지께
감사하라

(골로새서 3장 17절)

AUG
28

내가 너희에게 분부한
모든 것을 가르쳐 지키게 하라
볼지어다 내가 세상 끝날까지
너희와 항상 함께 있으리라 하시니라

(마태복음 28장 20절)

and teaching them
to obey everything
I have commanded you.
And surely I am with you always,
to the very end of the age.

(Matthew 28:20)

MAY

8

네 부모를 공경하라
그리하면 네 하나님 여호와가
네게 준 땅에서 네 생명이 길리라

(출애굽기 20장 12절)

Honor your father
and your mother,
so that you may live long
in the land the LORD
your God is giving you.

(Exodus 20:12)

AUG
27

This is the one about whom it is written:
" 'I will send my messenger ahead of you,
who will prepare your way before you.'

(Luke 7:27)

기록된 바 보라
내가 내 사자를 네 앞에
보내노니 그가 네 앞에서
네 길을 준비하리라 한 것이
이 사람에 대한 말씀이라

(누가복음 7장 27절)

MAY
9

해 돋는 데에서부터 해 지는 데에까지
여호와의 이름이 찬양을 받으시리로다

(시편 113편 3절)

From the rising of the sun
to the place where it sets,
the name of the LORD is
to be praised.

(Psalms 113:3)

AUG 26

여호와께 감사하라
그는 선하시며
그 인자하심이 영원함이로다

(시편 107편 1절)

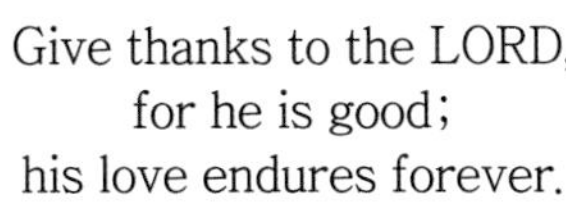

Give thanks to the LORD,
for he is good;
his love endures forever.

(Psalms 107:1)

이같이 너희 빛이
사람 앞에 비치게 하여 그들로
너희 착한 행실을 보고
하늘에 계신 너희 아버지께 영광을
돌리게 하라

(마태복음 5장 16절)

In the same way,
let your light shine
before men,
that they may see
your good deeds
and praise your Father
in heaven.

(Matthew 5:16)

AUG 25

또 마음을 아시는 하나님이
우리에게와 같이 그들에게도 성령을 주어
증언하시고 믿음으로 그들의 마음을 깨끗이 하사
그들이나 우리나 차별하지 아니하셨느니라

(사도행전 15장 8~9절)

God, who knows the heart,
showed that he accepted them
by giving the Holy Spirit to them,
just as he did to us.
He made no distinction between us
and them, for he purified their hearts
by faith.

(Acts 15:8~9)

MAY
11

너희 말을 항상 은혜 가운데서
소금으로 맛을 냄과 같이 하라
그리하면 각 사람에게
마땅히 대답할 것을 알리라

(골로새서 4장 6절)

Let your conversation
be always full of grace,
seasoned with salt,
so that you may know
how to answer everyone.

(Colossians 4:6)

나의 힘이신 여호와여
내가 주를 사랑하나이다

(시편 18편 1절)

I love you,
O LORD, my strength.

(Psalms 18:1)

좋은 땅에 뿌려졌다는 것은
곧 말씀을 듣고 받아 삼십 배나
육십 배나 백 배의 결실을 하는 자니라

(마가복음 4장 20절)

Others, like seed sown on good soil,
hear the word, accept it,
and produce a crop--thirty, sixty
or even a hundred times what was sown.

(Mark 4:20)

내가 주의 말씀에
요한은 물로 세례를 베풀었으나
너희는 성령으로 세례를 받으리라
하신 것이 생각났노라

(사도행전 11장 16절)

Then I remembered
what the Lord had said:
'John baptized withwater,
but you will be baptized
with the Holy Spirit.'

(Acts 11:16)

MAY
13

The precepts of the LORD are right,
giving joy to the heart.
The commands of the LORD are radiant,
giving light to the eyes..

(Psalms 19:8)

여호와의 교훈은
정직하여
마음을 기쁘게 하고
여호와의 계명은
순결하여
눈을 밝게 하시도다

(시편 19편 8절)

AUG 22

또 두 번째 소리가 있으되
하나님께서 깨끗하게 하신 것을
네가 속되다 하지 말라 하더라

(사도행전 10장 15절)

The voice spoke
to him a second time,
"Do not call anything impure
that God has made clean."

(Acts 10:15)

항상 기뻐하라
쉬지 말고 기도하라
범사에 감사하라
이것이 그리스도 예수 안에서
너희를 향하신 하나님의 뜻이니라

(데살로니가전서 5장 16~18절)

Be joyful always;
pray continually;
give thanks
in all circumstances,
for this is God's will
for you
in Christ Jesus.

(1 Thessalonians 5:16~18)

너희는 이 세대를 본받지 말고
오직 마음을 새롭게 함으로 변화를 받아
하나님의 선하시고 기뻐하시고 온전하신 뜻이
무엇인지 분별하도록 하라

(로마서 12장 2절)

Do not conform
any longer
to the pattern of this world,
but be transformed
by the renewing of your mind.
Then you will be able to test
and approve
what God's will is--
his good,
pleasing and perfect will.

(Romans 12:2)

MAY
15

He is your praise;
he is your God,
who performed
for you those great
and awesome wonders
you saw with your
own eyes.

(Deuteronomy 10:21)

그는 네 찬송이시요 네 하나님이시라
네 눈으로 본 이같이 크고 두려운 일을 너를 위하여
행하셨느니라

(신명기 10장 21절)

내가 복음을 부끄러워하지 아니하노니
이 복음은 모든 믿는 자에게 구원을 주시는
하나님의 능력이 됨이라

(로마서 1장 16절)

I am not ashamed of the gospel,
because it is the power of God for the salvation
of everyone who believes:

(Romans 1:16)

MAY 16

그런즉 너희는 여호와를 두려워하는 마음으로
삼가 행하라 우리의 하나님 여호와께서는
불의함도 없으시고 치우침도 없으시고
뇌물을 받는 일도 없으시니라 하니라

(역대하 19장 7절)

Now let the fear of the LORD
be upon you. Judge carefully,
for with the LORD
our God there is no injustice
or partiality or bribery.

(2 Chronicles 19:7)

AUG 19

" 'If you can'? " said Jesus.
"Everything is possible for him who believes."

(Mark 9:23)

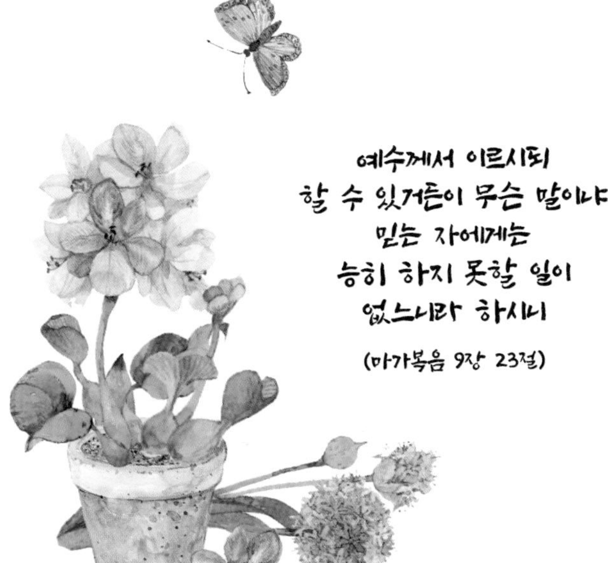

예수께서 이르시되
할 수 있거든이 무슨 말이냐
믿는 자에게는
능히 하지 못할 일이
없느니라 하시니

(마가복음 9장 23절)

17

피차 사랑의 빚 외에는
아무에게든지 아무 빚도 지지 말라
남을 사랑하는 자는 율법을 다 이루었느니라

(로마서 13장 8절)

Let no debt
remain outstanding,
except the continuing
debt to love one
another,
for he who loves
his fellowman has
fulfilled the law.

(Romans 13:8)

AUG 18

Do not answer a fool according to his folly,
or you will be like him yourself.

(Proverbs 26:4)

미련한 자의 어리석은 것을 따라 대답하지 말라
두렵건대 너도 그와 같을까 하노라

(잠언 26장 4절)

MAY 18

사람은 자기의 인자함으로
남에게 사모함을 받느니라
가난한 자는 거짓말하는 자보다 나으니라

(잠언 19장 22절)

What a man desires
is unfailing love ;
better to be poor than a liar.

(Proverbs 19:22)

어리석은 자는 그의 마음에 이르기를
하나님이 없다 하는도다
그들은 부패하고 그 행실이 가증하니
선을 행하는 자가 없도다

(시편 14편 1절)

The fool says in his heart,
"There is no God."
They are corrupt,
their deeds are vile;
there is no one who does good..

(Psalms 14:1)

MAY

19

곧 헛된 것과 거짓말을
내게서 멀리 하옵시며
나를 가난하게도 마옵시고 부하게도 마옵시고
오직 필요한 양식으로 나를 먹이시옵소서

(잠언 30장 8절)

Keep falsehood
and lies far from me;
give me
neither poverty
nor riches,
but give me
only my daily bread.

(Proverbs 30:8)

AUG
16

여호와는 의로우사
의로운 일을 좋아하시나니 정직한 자는
그의 얼굴을 뵈오리로다

(시편 11편 7절)

For the LORD is righteous,
he loves justice;
upright men will see his face.

(Psalms 11:7)

MAY 20

내가 알기에는 나의 대속자가 살아 계시니
마침내 그가 땅 위에 서실 것이라
내 가죽이 벗김을 당한 뒤에도 내가 육체 밖에서
하나님을 보리라

(욥기 19장 25~26절)

I know that
my Redeemer lives,
and that in the end
he will stand upon
the earth.
And after my skin
has been destroyed,
yet in my flesh
I will see God;

(Job 19:25~26)

세상 물건을 쓰는 자들은
다 쓰지 못하는 자 같이 하라
이 세상의 외형은 지나감이니라

(고린도전서 7장 31절)

those who use
the things of the world,
as if not engrossed in them.
For this world in its present
form is passing away.

(1 Corinthians 7:31)

MAY 21

하나님의 뜻대로 하는 근심은
후회할 것이 없는 구원에 이르게 하는
회개를 이루는 것이요
세상 근심은 사망을 이루는 것이니라

(고린도후서 7장 10절)

Godly sorrow brings
repentance that leads
to salvation
and leaves no regret,
but worldly sorrow
brings death.

(2 Corinthians 7:10)

AUG

14

내가 네 행위를 아노니
네가 차지도 아니하고 뜨겁지도 아니하도다
네가 차든지 뜨겁든지 하기를 원하노라

(요한계시록 3장 15절)

I know your deeds,
that you are neither
cold nor hot.
I wish you were either one
or the other!

(Revelation 3:15)

MAY 22

For if, when we were God's enemies,
we were reconciled to him through
the death of his Son, how much more,
having been reconciled,
shall we be saved through his life!

(Romans 5:10)

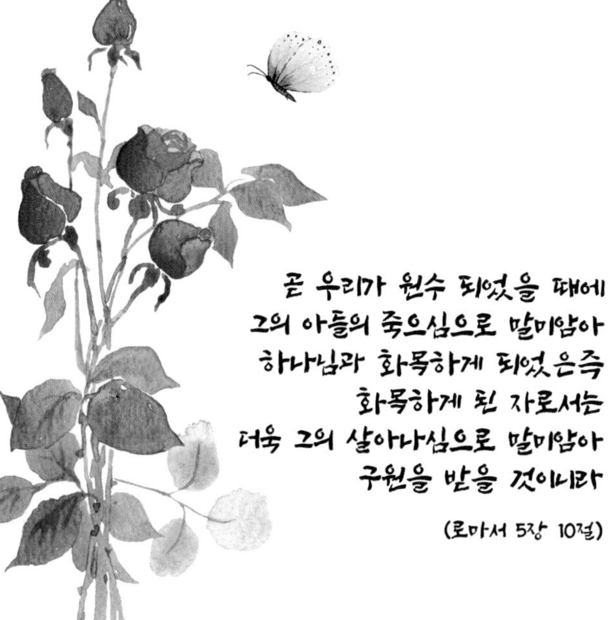

곧 우리가 원수 되었을 때에
그의 아들의 죽으심으로 말미암아
하나님과 화목하게 되었은즉
화목하게 된 자로서는
더욱 그의 살아나심으로 말미암아
구원을 받을 것이니라

(로마서 5장 10절)

내가 주는 물을 마시는 자는
영원히 목마르지 아니하리니
내가 주는 물은 그 속에서 영생하도록
솟아나는 샘물이 되리라

(요한복음 4장 14절)

but whoever drinks
the water I give him
will never thirst.
Indeed, the water
I give him will become
in him a spring of water
welling up
to eternal life.

(John 4:14)

MAY
23

But he was pierced for our transgressions,
he was crushed for our iniquities;
the punishment that brought us peace was upon him,
and by his wounds we are healed.

(Isaiah 53:5)

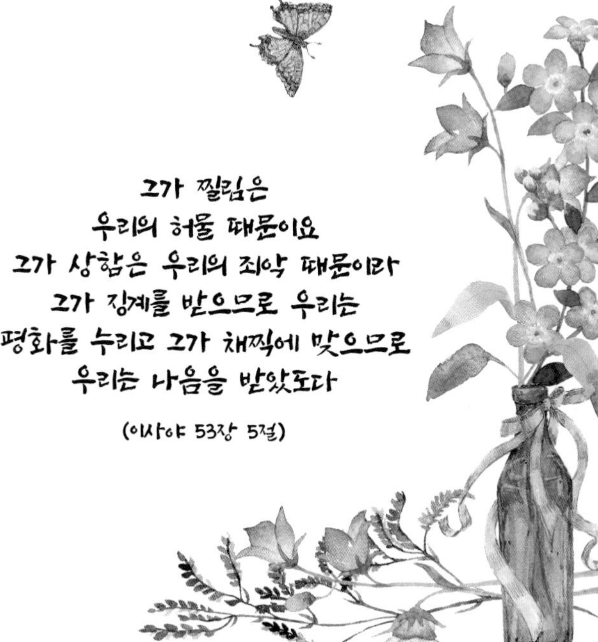

그가 찔림은
우리의 허물 때문이요
그가 상함은 우리의 죄악 때문이라
그가 징계를 받으므로 우리는
평화를 누리고 그가 채찍에 맞으므로
우리는 나음을 받았도다

(이사야 53장 5절)

AUG
12

너희는 스스로 조심하라
그렇지 않으면 방탕함과 술취함과
생활의 염려로 마음이 둔하여지고
뜻밖에 그 날이 덫과 같이 너희에게 임하리라

(누가복음 21장 34절)

"Be careful,
or your hearts will be weighed
down with dissipation,
drunkenness
and the anxieties of life,
and that day will close
on you unexpectedly
like a trap.

(Luke 21:34)

MAY
24

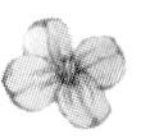

Who shall separate us
from the love of Christ?
Shall trouble or hardship
or persecution or famine or nakedness
or danger or sword?

(Romans 8:35)

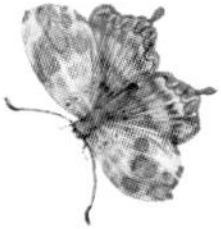

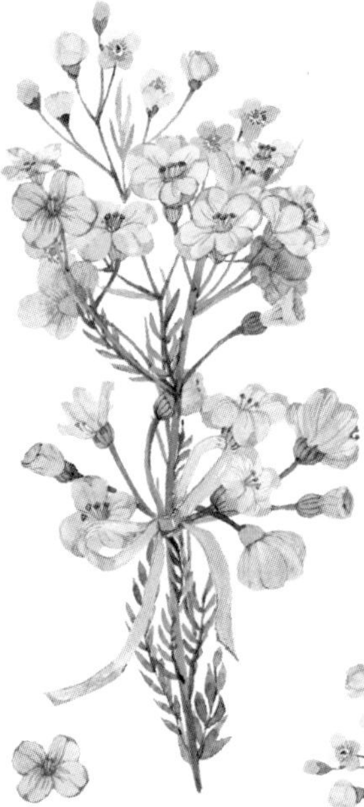

누가 우리를
그리스도의 사랑에서
끊으리요
환난이나 곤고나
박해나 기근이나
적신이나 위험이나 칼이랴

(로마서 8장 35절)

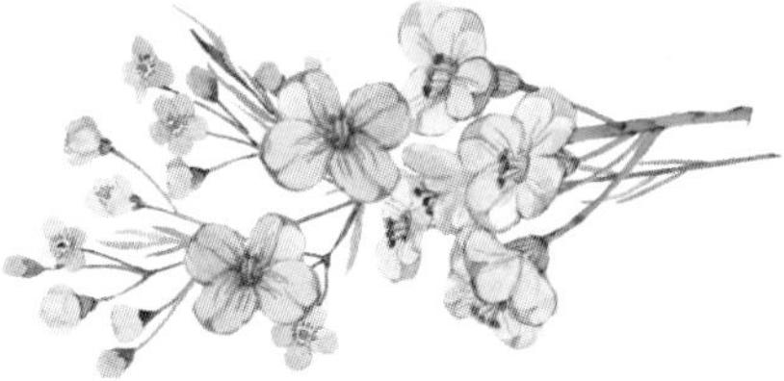

AUG

11

오직 성령의 열매는
사랑과 희락과 화평과 오래 참음과
자비와 양선과 충성과 온유와 절제니
이같은 것을 금지할 법이 없느니라

(갈라디아서 5장 22~23절)

But the fruit of the Spirit is love, joy, peace, patience,
kindness, goodness, faithfulness, gentleness
and self-control. Against such things there is no law.

(Galatians 5:22~23)

All Scripture is God-breathed
and is useful for teaching, rebuking,
correcting and training in righteousness,

(2 Timothy 3:16)

모든 성경은
하나님의 감동으로
된 것으로
교훈과 책망과
바르게 함과 의로
교육하기에 유익하니

(디모데후서 3장 16절)

AUG 10

오직 그만이 나의 반석이시요
나의 구원이시요 나의 요새이시니
내가 크게 흔들리지 아니하리로다

(시편 62편 2절)

He alone is my rock
and my salvation;
he is my fortress,
I will never be shaken.

(Psalms 62:2)

MAY
26

너는 이웃과 다투거든
변론만 하고
남의 은밀한 일은 누설하지 말라

(잠언 25장 9절)

If you argue your case
with a neighbor,
do not betray
another man's confidence,

(Proverbs 25:9)

AUG 9

You, O LORD,
keep my lamp burning;
my God turns my darkness
into light.

(Psalms 18:28)

주께서
나의 등불을 켜심이여
여호와 내 하나님이
내 흑암을 밝히시리이다

(시편 18편 28절)

27

하나님을 사랑하는 것은 이것이니
우리가 그의 계명들을 지키는 것이라
그의 계명들은 무거운 것이 아니로다

(요한 1서 5장 3절)

This is love for God:
to obey his commands.
And his commands are not
burdensome,

(1 John 5:3)

AUG 8

흩어 구제하여도
더욱 부하게 되는 일이 있나니
과도히 아껴도 가난하게 될 뿐이니라

(잠언 11장 24절)

One man gives freely,
yet gains even more;
another withholds unduly,
but comes to poverty.

(Proverbs 11:24)

MAY

28

악인의 길은 어둠 같아서
그가 걸려 넘어져도
그것이 무엇인지 깨닫지 못하느니라

(잠언 4장 19절)

But the way
of the wicked is
like deep darkness;
they do not know
what makes them
stumble.

(Proverbs 4:19)

AUG
7

주는 나의 은신처이오니
환난에서 나를 보호하시고 구원의 노래로
나를 두르시리이다 (셀라)

(시편 32편 7절)

You are my hiding place;
you will protect me
from trouble
and surround me
with songs of deliverance.
Selah

(Psalms 32:7)

MAY 29

너는 내게 부르짖으라
내가 네게 응답하겠고
네가 알지 못하는 크고 은밀한 일을
네게 보이리라

(예레미야 33장 3절)

'Call to me
and I will answer you
and tell you great
and unsearchable things
you do not know.'

(Jeremiah 33:3)

AUG 6

For we brought nothing
into the world,
and we can take nothing out of it.
But if we have food and clothing,
we will be content with that.

(1 Timothy 6:7~8)

우리가 세상에
아무 것도
가지고 온 것이 없으매
또한 아무 것도 가지고 가지
못하리니 우리가 먹을 것과
입을 것이 있은즉
족한 줄로 알 것이니라

(디모데전서 6장 7~8절)

각각 그 마음에 정한 대로 할 것이요
인색함으로나 억지로 하지 말지니
하나님은 즐겨 내는 자를 사랑하시느니라

(고린도후서 9장 7절)

Each man should give
what he has decided
in his heart to give,
not reluctantly
or under compulsion,
for God loves
a cheerful giver.

(2 Corinthians 9:7)

AUG
5

자기 아들을 아끼지 아니하시고
우리 모든 사람을 위하여 내주신 이가
어찌 그 아들과 함께 모든 것을 우리에게
주시지 아니하겠느냐

(로마서 8장 32절)

He who did not
spare his own Son,
but gave him up for us all--
how will he not also,
along with him,
graciously give us all things?

(Romans 8:32)

Give thanks to the LORD,
for he is good; his love endures forever.

(1 Chronicles 16:34)

여호와께 감사하라
그는 선하시며
그의 인자하심이
영원함이로다

(역대상 16장 34절)

AUG

4

"No good tree bears bad fruit,
nor does a bad tree bear good fruit.

(Luke 6:43)

못된 열매 맺는 좋은 나무가 없고
또 좋은 열매 맺는 못된 나무가 없느니라

(누가복음 6장 43절)

JUN

1

You who are trying to
be justified by law
have been alienated
from Christ;
you have fallen away
from grace.

(Galatians 5:4)

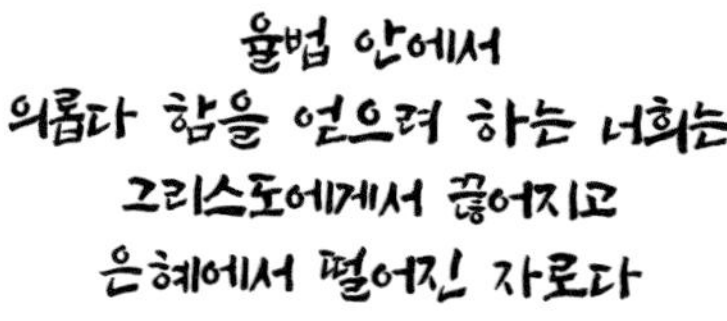

AUG
3

"As the new heavens and the new earth
that I make will endure before me,"
declares the LORD,
so will your name and descendants endure.

(Isaiah 66:22)

내가 지을
새 하늘과 새 땅이
내 앞에 항상 있는 것 같이
너희 자손과 너희 이름이
항상 있으리라
여호와의 말이니라

(이사야 66장 22절)

But the seed
on good soil stands for those
with a noble and good heart,
who hear the word, retain it,
and by persevering
produce a crop.

(Luke 8:15)

좋은 땅에 있다는 것은
착하고 좋은 마음으로
말씀을 듣고 지키어
인내로 결실하는 자니라

(누가복음 8장 15절)

AUG
2

Do not forget to entertain strangers,
for by so doing some people have entertained angels
without knowing it.

(Hebrews 13:2)

손님 대접하기를
잊지 말라
이로써 부지중에
천사들을 대접한
이들이 있었느니라

(히브리서 13장 2절)

JUN 3

But for you who revere my name,
the sun of righteousness will rise
with healing in its wings.
And you will go out
and leap like calves released
from the stall.

(Malachi 4:2)

내 이름을 경외하는
너희에게는
공의로운 해가 떠올라서
치료하는 광선을 비추리니
너희가 나가서
외양간에서 나온
송아지 같이 뛰리라

(말라기 4장 2절)

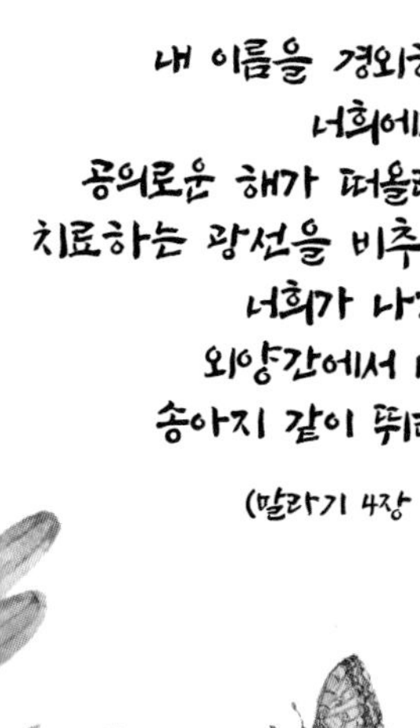

AUG 1

And the prayer offered in faith will make
the sick person well; the Lord will raise him up.
If he has sinned, he will be forgiven.

(James 5:15)

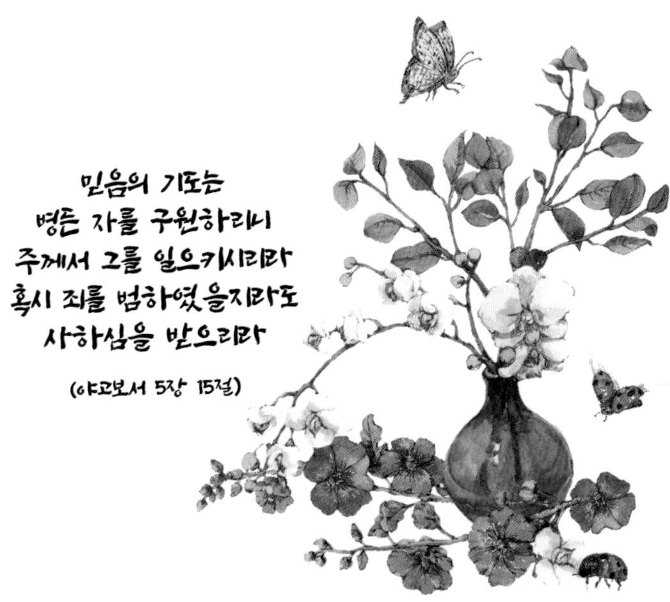

믿음의 기도는
병든 자를 구원하리니
주께서 그를 일으키시리라
혹시 죄를 범하였을지라도
사하심을 받으리라

(야고보서 5장 15절)

집마다 지은 이가 있으니
만물을 지으신 이는 하나님이시라

(히브리서 3장 4절)

For every house is built by someone,
but God is the builder of everything.

(Hebrews 3:4)

JULY

31

죄의 삯은 사망이요
하나님의 은사는 그리스도 예수
우리 주 안에 있는 영생이니라

(로마서 6장 23절)

For the wages
of sin is death,
but the gift of God is
eternal life
in Christ Jesus our Lord..

(Romans 6:23)

두 손에 가득하고 수고하며
바람을 잡는 것보다
한 손에만 가득하고 평온함이 더 나으니라

(전도서 4장 6절)

Better one handful
with tranquillity
than two handfuls
with toil and chasing
after the wind.

(Ecclesiastes 4:6)

It is to a man's honor to avoid strife,
but every fool is quick to quarrel.

(Proverbs 20:3)

다툼을 멀리 하는 것이
사람에게 영광이거늘
미련한 자마다
다툼을 일으키느니라

(잠언 20장 3절)

JUN
6

그런즉 믿음, 소망, 사랑,
이 세 가지는 항상 있을 것인데
그 중의 제일은 사랑이라

(고린도전서 13장 13절)

And now
these three remain:
faith, hope and love.
But the greatest
of these is love.

(1 Corinthians 13:13)

JULY

29

Honor the LORD with your wealth,
with the firstfruits of all your crops;

(Proverbs 3:9)

네 재물과 네 소산물의
처음 익은 열매로 여호와를 공경하라

(잠언 3장 9절)

JUN

7

"If you love those who love you,
what credit is that to you?
Even 'sinners' love those who love them.

(Luke 6:32)

너희가 만일 너희를
사랑하는 자만을 사랑하면
칭찬 받을 것이 무엇이냐
죄인들도 사랑하는 자는
사랑하느니라

(누가복음 6장 32절)

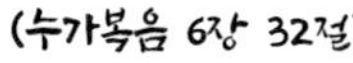

JULY
28

마귀의 간계를
능히 대적하기 위하여
하나님의 전신 갑주를 입으라

(에베소서 6장 11절)

Put on the full armor
of God so that you can take
your stand against
the devil's schemes.

(Ephesians 6:11)

JUN
8

Trust in him at all times, O people;
pour out your hearts to him,
for God is our refuge. Selah

(Psalms 62:8)

백성들아
시시로 그를 의지하고
그의 앞에 마음을 토하라
하나님은
우리의 피난처시로다 (셀라)

(시편 62편 8절)

JULY

27

이 예언의 말씀을 읽는 자와
듣는 자와 그 가운데에 기록한 것을
지키는 자는 복이 있나니
때가 가까움이라

(요한계시록 1장 3절)

Blessed is the one who reads
the words of this prophecy,
and blessed are those
who hear it and take
to heart what is written in it,
because the time is near.

(Revelation 1:3)

JUN

9

Those who are wise will shine
like the brightness of the heavens,
and those who lead many
to righteousness,
like the stars for ever and ever.

(Daniel 12:3)

지혜 있는 자는
궁창의 빛과 같이 빛날 것이요
많은 사람을 옳은 데로
돌아오게 한 자는
별과 같이 영원토록 빛나리라

(다니엘 12장 3절)

JULY

26

"I have told you these things,
so that in me you may have peace.
In this world you will have trouble.
But take heart! I have overcome the world."

(John 16:33)

이것을 너희에게 이르는 것은
너희로 내 안에서 평안을 누리게 하려 함이라
세상에서는 너희가 환난을 당하나
담대하라 내가 세상을 이기었노라

(요한복음 16장 33절)

JUN 10

사랑은 이웃에게
악을 행하지 아니하나니
그러므로 사랑은 율법의 완성이니라

(로마서 13장 10절)

Love does no harm
to its neighbor.
Therefore love is
the fulfillment of the law.

(Romans 13:10)

JULY

25

IWhen he had received the drink,
Jesus said, "It is finished."
With that, he bowed his head
and gave up his spirit.

(John 19:30)

예수께서 신 포도주를 받으신 후에
이르시되 "다 이루었다" 하시고
머리를 숙이니 영혼이 떠나가시니라

(요한복음 19장 30절)

JUN 11

여호와의 말씀이니라
너희를 향한 나의 생각을 내가 아나니
평안이요 재앙이 아니니라
너희에게 미래와 희망을 주는 것이니라

(예레미야 29장 11절)

For I know the plans
I have for you,
declares the LORD,
"plans to prosper you
and not to harm you,
plans to give you hope
and a future.

(Jeremiah 29:11)

JULY

24

나를 훈계하신 여호와를 송축할지라
밤마다 내 양심이 나를 교훈하도다

(시편 16편 7절)

I will praise the LORD,
who counsels me;
even at night my heart
instructs me.

(Psalms 16:7)

JUN
12

두려워하지 말라 내가 너와 함께 함이라
놀라지 말라 나는 네 하나님이 됨이라
내가 너를 굳세게 하리라 참으로 너를 도와 주리라
참으로 나의 의로운 오른손으로 너를 붙들리라

(이사야 41장 10절)

So do not fear,
for I am with you;
do not be dismayed,
for I am your God.
I will strengthen you
and help you;
I will uphold you
with my righteous
right hand.

(Isaiah 41:10)

JULY 23

for everyone
born of God overcomes the world.
This is the victory that has overcome
the world, even our faith.

(1 John 5:4)

무릇 하나님께로부터
난 자마다
세상을 이기느니라
세상을 이기는 승리는 이것이니
우리의 믿음이니라

(요한 1서 5장 4절)

"In your anger do not sin":
Do not let the sun go down
while you are still angry,
and do not give
the devil a foothold.

(Ephesians 4:26~27)

분을 내어도
죄를 짓지 말며
해가 지도록 분을 품지 말고
마귀에게 틈을 주지 말라

(에베소서 4장 26~27절)

JULY 22

내일 일을 너희가 알지 못하는도다
너희 생명이 무엇이냐
너희는 잠깐 보이다가 없어지는 안개니라

(야고보서 4장 14절)

Why,
you do not even know
what will happen tomorrow.
What is your life?
You are a mist
that appears
for a little while
and then vanishes.

(James 4:14)

JUN

14

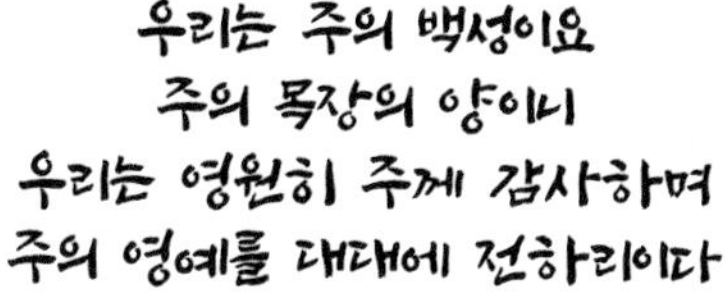

(시편 79편 13절)

Then we your people,
the sheep of your pasture,
will praise you forever;
from generation to generation
we will recount your praise.

(Psalms 79:13)

JULY

21

In your unfailing love you will lead
the people you have redeemed.
In your strength you will guide them
to your holy dwelling.

(Exodus 15:13)

주의 인자하심으로
주께서 구속하신 백성을 인도하시되
주의 힘으로 그들을 주의 거룩한 처소에
들어가게 하시나이다

(출애굽기 15장 13절)

JUN 15

그들이 묻기를 마지 아니하는지라
이에 일어나 이르시되
너희 중에 죄 없는 자가 먼저 돌로 치라 하시고

(요한복음 8장 7절)

When they kept
on questioning him,
he straightened up
and said to them,
"If any one of you is
without sin,
let him be the first
to throw a stone at her."

(John 8:7)

JULY

20

Set a guard over my mouth, O LORD;
keep watch over the door of my lips.

(Psalms 141:3)

여호와여
내 입에
파수꾼을 세우시고
내 입술의 문을
지키소서

(시편 141편 3절)

JUN 16

하나님은 사람이 아니시니
거짓말을 하지 않으시고
인생이 아니시니 후회가 없으시도다
어찌 그 말씀하신 바를 행하지 않으시며
하신 말씀을 실행하지 않으시랴

(민수기 23장 19절)

God is not a man,
that he should lie,
nor a son of man,
that he should change
his mind.
Does he speak
and then not act?
Does he promise
and not fulfill?

(Numbers 23:19)

JULY

19

지혜로운 자와 동행하면
지혜를 얻고
미련한 자와 사귀면
해를 받느니라

(잠언 13장 20절)

He who walks
with the wise grows wise,
but a companion
of fools suffers harm.

(Proverbs 13:20)

JUN

17

여호와는 나의 목자시니
내게 부족함이 없으리로다
그가 나를 푸른 풀밭에 누이시며
쉴 만한 물 가로 인도하시는도다

(시편 23장 1~2절)

The LORD is
my shepherd,
I shall not be in want.
He makes me lie down
in green pastures,
he leads me
beside quiet waters,

(Psalms 23:1~2)

JULY

18

심히 교만한 말을 다시 하지 말 것이며
오만한 말을 너희의 입에서 내지 말지어다
여호와는 지식의 하나님이시라 행동을 달아 보시느니라

(사무엘상 2장 3절)

Do not keep talking
so proudly
or let your mouth speak
such arrogance,
for the LORD is
a God who knows,
and by him deeds are
weighed.

(1 Samuel 2:3)

JUN

18

For the kingdom of God is not a matter
of eating and drinking, but of righteousness,
peace and joy in the Holy Spirit,

(Romans 14:17)

하나님의 나라는
먹는 것과
마시는 것이 아니요
오직
성령 안에 있는
의와 평강과 희락이라

(로마서 14장 17절)

JULY
17

He alone is my rock
and my salvation;
he is my fortress,
I will never be shaken.

(Psalms 62:2)

오직 그만이
나의 반석이시요
나의 구원이시요
나의 요새이시니
내가 크게 흔들리지
아니하리로다

(시편 62편 2절)

JUN

19

말이 많으면
허물을 면하기 어려우나
그 입술을 제어하는 자는
지혜가 있느니라

(잠언 10장 19절)

When words are many, sin is not absent,
but he who holds his tongue is wise.

(Proverbs 10:19)

JULY

16

무릇 의인들의 길은
여호와께서 인정하시나
악인들의 길은 망하리로다

(시편 1편 6절)

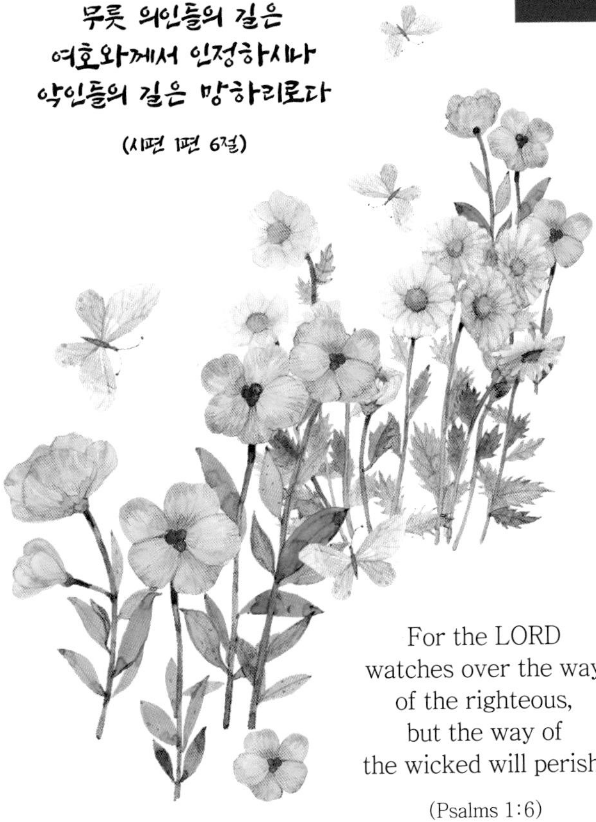

For the LORD
watches over the way
of the righteous,
but the way of
the wicked will perish.

(Psalms 1:6)

JUN 20

입으로 들어가는 것이
사람을 더럽게 하는 것이 아니라
입에서 나오는 그것이
사람을 더럽게 하는 것이니라

(마태복음 15장 11절)

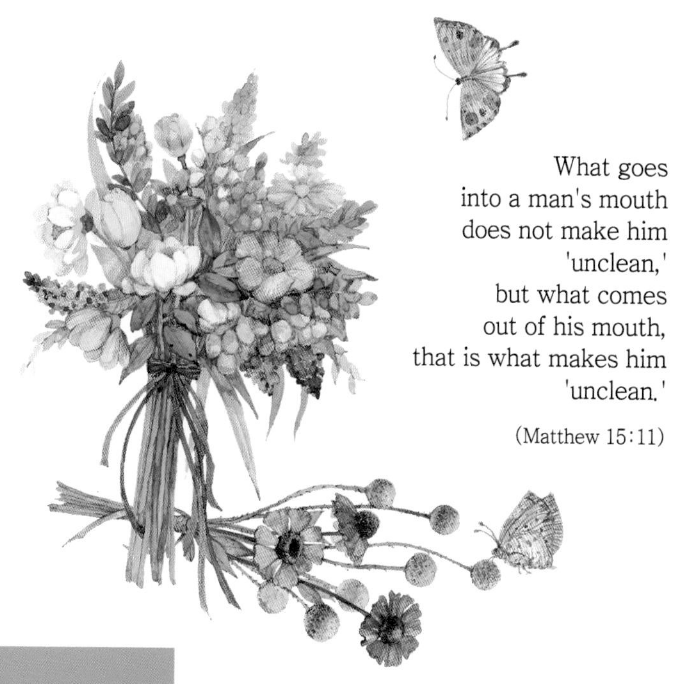

What goes
into a man's mouth
does not make him
'unclean,'
but what comes
out of his mouth,
that is what makes him
'unclean.'

(Matthew 15:11)

JULY

15

Yet to all who received him,
to those who believed in his name,
he gave the right
to become children of God--

(John 1:12)

영접하는 자
곧 그 이름을
믿는 자들에게는
하나님의 자녀가 되는
권세를 주셨으니

(요한복음 1장 12절)

JUN

21

여호와여 주는 나의 찬송이시오니
나를 고치소서 그리하시면 내가 낫겠나이다
나를 구원하소서 그리하시면
내가 구원을 얻으리이다

(예레미야 17장 14절)

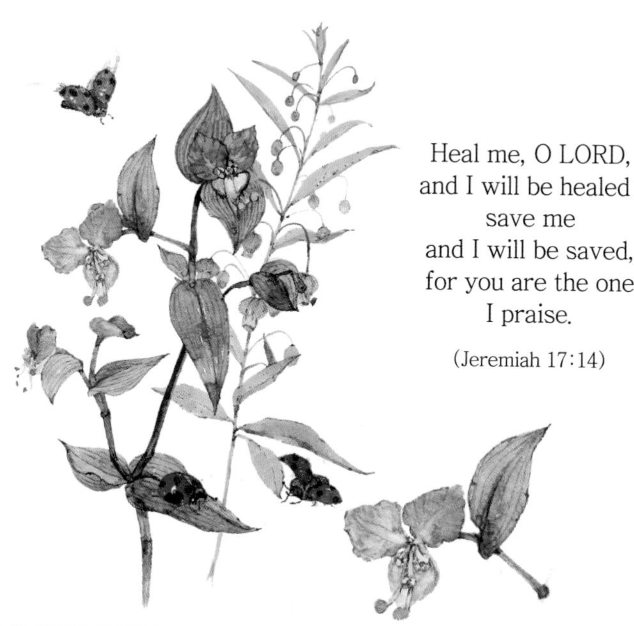

Heal me, O LORD,
and I will be healed;
save me
and I will be saved,
for you are the one
I praise.

(Jeremiah 17:14)

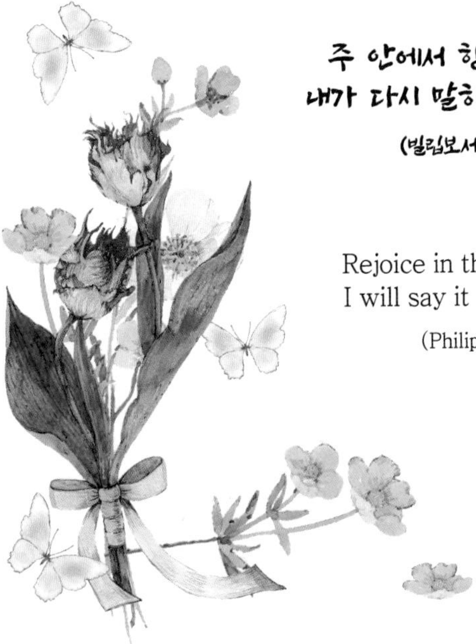

JULY

14

주 안에서 항상 기뻐하라
내가 다시 말하노니 기뻐하라.

(빌립보서 4장 4절)

Rejoice in the Lord always.
I will say it again: Rejoice!

(Philippians 4:4)

JUN 22

모든 사람이 죄를 범하였으매
하나님의 영광에 이르지 못하더니
그리스도 예수 안에 있는 속량으로 말미암아
하나님의 은혜로 값 없이 의롭다
하심을 얻은 자 되었느니라

(로마서 3장 23~24절)

for all have sinned
and fall short
of the glory of God,
and are justified freely
by his grace through
the redemption
that came
by Christ Jesus.

(Romans 3:23~24)

JULY
13

So God created man
in his own image,
in the image of God he created him;
male and female he created them.

(Genesis 1:27)

하나님이 자기 형상 곧
하나님의 형상대로
사람을 창조하시되
남자와 여자를 창조하시고

(창세기 1장 27절)

JUN

23

LORD,
you establish peace for us;
all that we have accomplished
you have done for us.

(Isaiah 26:12)

여호와여
주께서 우리를 위하여
평강을 베푸시오리니
주께서 우리의 모든 일도
우리를 위하여 이루심이니이다

(이사야 26장 12절)

JULY

12

And God is able to make all grace
abound to you, so that in all things at
all times, having all that you need,
you will abound in every good work.

(2 Corinthians 9:8)

하나님이 능히 모든 은혜를 너희에게
넘치게 하시나니 이는 너희로 모든 일에
항상 모든 것이 넉넉하여 모든 착한
일을 넘치게 하게 하려 하심이라

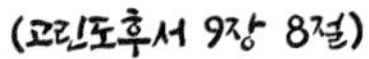

JUN 24

오직 성령이 너희에게 임하시면
너희가 권능을 받고
예루살렘과 온 유대와 사마리아와
땅 끝까지 이르러 내 증인이 되리라 하시니라

(사도행전 1장 8절)

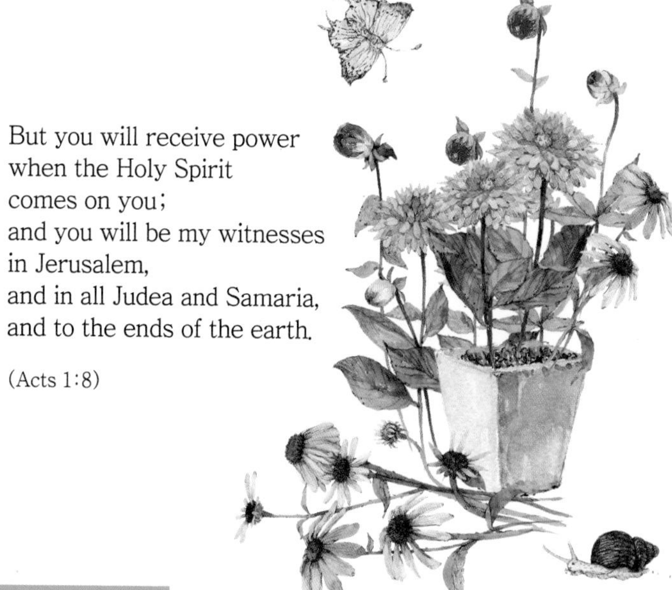

But you will receive power
when the Holy Spirit
comes on you;
and you will be my witnesses
in Jerusalem,
and in all Judea and Samaria,
and to the ends of the earth.

(Acts 1:8)

JULY 11

Blessed are those
whose strength is in you,
who have set their hearts
on pilgrimage.

(Psalms 84:5)

주께 힘을 얻고 그 마음에
시온의 대로가 있는 자는 복이 있나이다

(시편 84편 5절)

JUN 25

You have made known
to me the path of life;
you will fill me with joy
in your presence,
with eternal pleasures
at your right hand.

(Psalms 16:11)

주께서 생명의 길을
내게 보이시리니
주의 앞에는
충만한 기쁨이 있고
주의 오른쪽에는
영원한 즐거움이 있나이다

(시편 16편 11절)

JULY
10

If you then, though you are evil,
know how to give good gifts to your
children, how much more will your Father
in heaven give the Holy Spirit
to those who ask him!

(Luke 11:13)

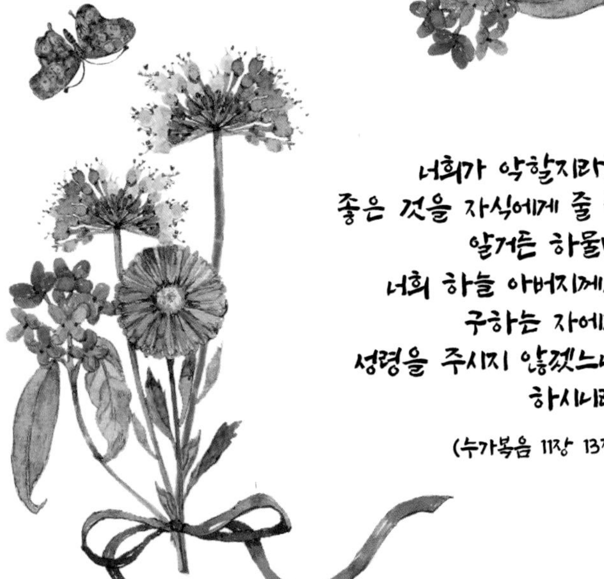

너희가 악할지라도
좋은 것을 자식에게 줄 줄
알거든 하물며
너희 하늘 아버지께서
구하는 자에게
성령을 주시지 않겠느냐
하시니라

(누가복음 11장 13절)

JUN

26

그의 노염은 잠깐이요
그의 은총은 평생이로다
저녁에는 울음이 깃들일지라도
아침에는 기쁨이 오리로다

(시편 30편 5절)

For his anger lasts only a moment,
but his favor lasts a lifetime;
weeping may remain for a night,
but rejoicing comes in the morning.

(Psalms 30:5)

JULY
9

And my God will meet
all your needs according
to his glorious riches in Christ Jesus.

(Philippians 4:19)

나의 하나님이 그리스도 예수 안에서 영광 가운데
그 풍성한 대로 너희 모든 쓸 것을 채우시리라

(빌립보서 4장 19절)

JUN 27

Marriage should be honored by all,
and the marriage bed kept pure,
for God will judge the adulterer
and all the sexually immoral.

(Hebrews 13:4)

모든 사람은
결혼을 귀히 여기고 침소를
더럽히지 않게 하라
음행하는 자들과 간음하는 자들을
하나님이 심판하시리라

(히브리서 13장 4절)

JULY

8

and find out what pleases the Lord.

(Ephesians 5:10)

주를
기쁘시게 할 것이
무엇인가
시험하여 보라

(에베소서 5장 10절)

JUN 28

Be still before the LORD
and wait patiently for him;
do not fret when men succeed in their ways,
when they carry out their wicked schemes..

(Psalms 37:7)

여호와 앞에 잠잠하고
참고 기다리라
자기 길이 형통하며
악한 꾀를 이루는 자 때문에
불평하지 말지어다

(시편 37편 7절)

You have made known
to me the path of life;
you will fill me with joy
in your presence,
with eternal pleasures
at your right hand.

(Psalms 16:11)

주께서 생명의 길을
내게 보이시리니
주의 앞에는
충만한 기쁨이 있고
주의 오른쪽에는
영원한 즐거움이 있나이다

(시편 16편 11절)

I was young and now I am old,
yet I have never seen the righteous forsaken
or their children begging bread.

(Psalms 37:25)

내가 어려서부터 늙기까지
의인이 버림을 당하거나
그의 자손이
걸식함을 보지 못하였도다

(시편 37편 25절)

In him we have redemption
through his blood, the forgiveness of sins,
in accordance with the riches of
God's grace

(Ephesians 1:7)

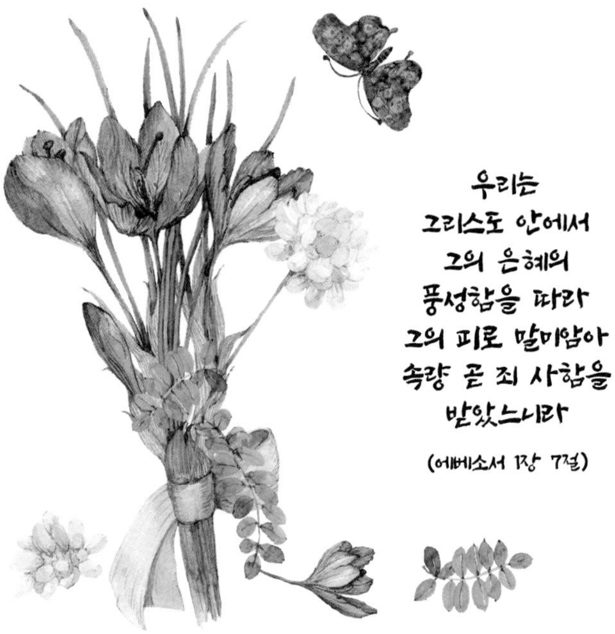

우리는
그리스도 안에서
그의 은혜의
풍성함을 따라
그의 피로 말미암아
속량 곧 죄 사함을
받았느니라

(에베소서 1장 7절)

JUN 30

여호와께서 그를 황무지에서,
짐승이 부르짖는 광야에서 만나시고 호위하시며
보호하시며 자기의 눈동자 같이 지키셨도다

(신명기 32장 10절)

In a desert land he found him,
in a barren and howling waste.
He shielded him and cared for him;
he guarded him as the apple of his eye,

(Deuteronomy 32:10)

He brought me
out into a spacious place;
he rescued me because
he delighted in me.

(Psalms 18:19)

나를 넓은 곳으로 인도하시고
나를 기뻐하시므로 나를 구원하셨도다

(시편 18편 19절)

JULY

1

May the words of my mouth
and the meditation of my heart
be pleasing in your sight,
O LORD, my Rock
and my Redeemer.

(Psalms 19:14)

나의 반석이시요
나의 구속자이신
여호와여
내 입의 말과
마음의 묵상이
주님 앞에
열납되기를
원하나이다

(시편 19편 14절)

JULY

4

내가 이르노니
너희는 성령을 따라 행하라
그리하면
육체의 욕심을
이루지 아니하리라

(갈라디아서 5장 16절)

So I say,
live by the Spirit,
and you will not gratify
the desires
of the sinful nature.

(Galatians 5:16)